VOCABOLARIO ARABO
per studio autodidattico

I vocabolari T&P Books si propongono come strumento di aiuto per apprendere, memorizzare e revisionare l'uso di termini stranieri. Il vocabolario contiene oltre 7000 parole di uso comune ordinate per argomenti.

- Il vocabolario contiene le parole più comunemente usate
- È consigliato in aggiunta ad un corso di lingua
- Risponde alle esigenze degli studenti di lingue straniere sia essi principianti o di livello avanzato
- Pratico per un uso quotidiano, per gli esercizi di revisione e di autovalutazione
- Consente di valutare la conoscenza del proprio lessico

Caratteristiche specifiche del vocabolario:

- Le parole sono ordinate secondo il proprio significato e non alfabeticamente
- Le parole sono riportate in tre colonne diverse per facilitare il metodo di revisione e autovalutazione
- I gruppi di parole sono divisi in sottogruppi per facilitare il processo di apprendimento
- Il vocabolario offre una pratica e semplice trascrizione fonetica per ogni termine straniero

Il vocabolario contiene 198 argomenti tra cui:

Concetti di Base, Numeri, Colori, Mesi, Stagioni, Unità di Misura, Abbigliamento e Accessori, Cibo e Alimentazione, Ristorante, Membri della Famiglia, Parenti, Personalità, Sentimenti, Emozioni, Malattie, Città, Visita Turistica, Acquisti, Denaro, Casa, Ufficio, Lavoro d'Ufficio, Import-export, Marketing, Ricerca di un Lavoro, Sport, Istruzione, Computer, Internet, Utensili, Natura, Paesi, Nazionalità e altro ancora ...

INDICE

ARABO
VOCABOLARIO

ITALIANO - ARABO

Le parole più utili
Per ampliare il proprio lessico e affinare
le proprie abilità linguistiche

7000 parole

Vocabolario Italiano-Arabo per studio autodidattico - 7000 parole
Di Andrey Taranov

I vocabolari T&P Books si propongono come strumento di aiuto per apprendere, memorizzare e revisionare l'uso di termini stranieri. Il dizionario si divide in vari argomenti che includono la maggior parte delle attività quotidiane, tra cui affari, scienza, cultura, ecc.

Il processo di apprendimento delle parole attraverso i dizionari divisi in liste tematiche della collana T&P Books offre i seguenti vantaggi:

- Le fonti d'informazione correttamente raggruppate garantiscono un buon risultato nella memorizzazione delle parole
- La possibilità di memorizzare gruppi di parole con la stessa radice (piuttosto che memorizzarle separatamente)
- Piccoli gruppi di parole facilitano il processo di apprendimento per associazione, utile al potenziamento lessicale
- Il livello di conoscenza della lingua può essere valutato attraverso il numero di parole apprese

T&P Books Publishing
www.tpbooks.com

ISBN: 978-1-78767-225-3

Questo libro è disponibile anche in formato e-book.
Visitate il sito www.tpbooks.com o le principali librerie online.

GUIDA ALLA PRONUNCIA

Alfabeto fonetico T&P	Esempio arabo	Esempio italiano
[a]	[ṭaffa] طَفَّى	macchia
[ā]	[iχtār] إختار	scusare
[e]	[hamburger] هامبورجر	meno, leggere
[i]	[zifāf] زفاف	vittoria
[ī]	[abrīl] أبريل	scacchi
[u]	[kalkutta] كلكتا	prugno
[ū]	[ʒāmūs] جاموس	luccio
[b]	[bidāya] بداية	bianco
[d]	[saʿāda] سعادة	doccia
[ḍ]	[waḍ'] وضع	[d] faringale
[ʒ]	[arʒantīn] الأرجنتين	beige
[ð]	[tiðkār] تذكار	[th] faringalizzato
[ẓ]	[ẓahar] ظهر	[z] faringale
[f]	[χafīf] خفيف	ferrovia
[g]	[gūlf] جولف	guerriero
[h]	[ittiʒāh] إتّجاه	[h] aspirate
[ḥ]	[aḥabb] أحبّ	[h] faringale
[y]	[ðahabiy] ذهبيّ	New York
[k]	[kursiy] كرسيّ	cometa
[l]	[lamaḥ] لمح	saluto
[m]	[marṣad] مرصد	mostra
[n]	[ʒanūb] جنوب	novanta
[p]	[kaputʃīnu] كابتشينو	pieno
[q]	[waθiq] وثق	cometa
[r]	[rūḥ] روح	ritmo, raro
[s]	[suχriyya] سخريّة	sapere
[ṣ]	[miʿṣam] معصم	[s] faringale
[ʃ]	[ʿaʃā'] عشاء	ruscello
[t]	[tannūb] تنّوب	tattica
[ṭ]	[χarīṭa] خريطة	[t] faringale
[θ]	[mamūθ] ماموث	Toscana (dialetto toscano)
[v]	[vitnām] فيتنام	volare
[w]	[wadda'] ودّع	week-end
[χ]	[baχīl] بخيل	[h] dolce
[ɣ]	[taɣadda] تغدّى	simile gufo, gatto
[z]	[māʿiz] ماعز	rosa
['] (ayn)	[sabʿa] سبعة	fricativa faringale sonora
['] (hamza)	[saʾal] سأل	occlusiva glottidale sorda

ABBREVIAZIONI
usate nel vocabolario

Arabo. Abbreviazioni

du	-	sostantivo plurale (duale)
f	-	sostantivo femminile
m	-	sostantivo maschile
pl	-	plurale

Italiano. Abbreviazioni

agg	-	aggettivo
anim.	-	animato
avv	-	avverbio
cong	-	congiunzione
ecc.	-	eccetera
f	-	sostantivo femminile
f pl	-	femminile plurale
fem.	-	femminile
form.	-	formale
inanim.	-	inanimato
inform.	-	familiare
m	-	sostantivo maschile
m pl	-	maschile plurale
m, f	-	maschile, femminile
masc.	-	maschile
mil.	-	militare
pl	-	plurale
pron	-	pronome
qc	-	qualcosa
qn	-	qualcuno
sing.	-	singolare
v aus	-	verbo ausiliare
vi	-	verbo intransitivo
vi, vt	-	verbo intransitivo, transitivo
vr	-	verbo riflessivo
vt	-	verbo transitivo

CONCETTI DI BASE

Concetti di base. Parte 1

1. Pronomi

io	ana	أنا
tu (masc.)	anta	أنت
tu (fem.)	anti	أنت
lui	huwa	هو
lei	hiya	هي
noi	naḥnu	نحن
voi	antum	أنتم
loro	hum	هم

2. Saluti. Convenevoli. Saluti di congedo

Buongiorno!	as salāmu 'alaykum!	السلام عليكم!
Buongiorno! (la mattina)	ṣabāḥ al ḵayr!	صباح الخير!
Buon pomeriggio!	nahārak sa'īd!	نهارك سعيد!
Buonasera!	masā' al ḵayr!	مساء الخير!
salutare (vt)	sallam	سلّم
Ciao! Salve!	salām!	سلام!
saluto (m)	salām (m)	سلام
salutare (vt)	sallam 'ala	سلّم على
Come sta? Come stai?	kayfa ḥāluka?	كيف حالك؟
Che c'è di nuovo?	ma aḵbārak?	ما أخبارك؟
Arrivederci!	ma' as salāma!	مع السلامة!
A presto!	ilal liqā'!	إلى اللقاء!
Addio!	ma' as salāma!	مع السلامة!
congedarsi (vr)	wadda'	ودّع
Ciao! (A presto!)	bay bay!	باي باي!
Grazie!	ʃukran!	شكرًا!
Grazie mille!	ʃukran ʒazīlan!	شكرًا جزيلًا!
Prego	'afwan	عفوا
Non c'è di che!	la ʃukr 'ala wāʒib	لا شكر على واجب
Di niente	al 'afw	العفو
Scusa!	'an iðnak!	عن أذنك!
Scusi!	'afwan!	عفوًا!
scusare (vt)	'aðar	عذر
scusarsi (vr)	i'taðar	إعتذر
Chiedo scusa	ana 'āsif	أنا آسف

Mi perdoni!	la tu'āxiðni!	لا تؤاخذني!
perdonare (vt)	'afa	عفا
per favore	min faḍlak	من فضلك

Non dimentichi!	la tansa!	لا تنس!
Certamente!	ṭab'an!	طبعا!
Certamente no!	abadan!	أبدا!
D'accordo!	ittafaqna!	إتفقنا!
Basta!	kifāya!	كفاية!

3. Numeri cardinali. Parte 1

zero (m)	ṣifr	صفر
uno	wāḥid	واحد
una	wāḥida	واحدة
due	iθnān	إثنان
tre	θalāθa	ثلاثة
quattro	arba'a	أربعة

cinque	xamsa	خمسة
sei	sitta	ستّة
sette	sab'a	سبعة
otto	θamāniya	ثمانية
nove	tis'a	تسعة

dieci	'aʃara	عشرة
undici	aḥad 'aʃar	أحد عشر
dodici	iθnā 'aʃar	إثنا عشر
tredici	θalāθat 'aʃar	ثلاثة عشر
quattordici	arba'at 'aʃar	أربعة عشر

quindici	xamsat 'aʃar	خمسة عشر
sedici	sittat 'aʃar	ستّة عشر
diciassette	sab'at 'aʃar	سبعة عشر
diciotto	θamāniyat 'aʃar	ثمانية عشر
diciannove	tis'at 'aʃar	تسعة عشر

venti	'iʃrūn	عشرون
ventuno	wāḥid wa 'iʃrūn	واحد وعشرون
ventidue	iθnān wa 'iʃrūn	إثنان وعشرون
ventitre	θalāθa wa 'iʃrūn	ثلاثة وعشرون

trenta	θalāθīn	ثلاثون
trentuno	wāḥid wa θalāθūn	واحد وثلاثون
trentadue	iθnān wa θalāθūn	إثنان وثلاثون
trentatre	θalāθa wa θalāθūn	ثلاثة وثلاثون

quaranta	arba'ūn	أربعون
quarantuno	wāḥid wa arba'ūn	واحد وأربعون
quarantadue	iθnān wa arba'ūn	إثنان وأربعون
quarantatre	θalāθa wa arba'ūn	ثلاثة وأربعون

| cinquanta | xamsūn | خمسون |
| cinquantuno | wāḥid wa xamsūn | واحد وخمسون |

cinquantadue	iθnān wa χamsūn	إثنان وخمسون
cinquantatre	θalāθa wa χamsūn	ثلاثة وخمسون
sessanta	sittūn	ستّون
sessantuno	wāḥid wa sittūn	واحد وستّون
sessantadue	iθnān wa sittūn	إثنان وستّون
sessantatre	θalāθa wa sittūn	ثلاثة وستّون
settanta	sab'ūn	سبعون
settantuno	wāḥid wa sab'ūn	واحد وسبعون
settantadue	iθnān wa sab'ūn	إثنان وسبعون
settantatre	θalāθa wa sab'ūn	ثلاثة وسبعون
ottanta	θamānūn	ثمانون
ottantuno	wāḥid wa θamānūn	واحد وثمانون
ottantadue	iθnān wa θamānūn	إثنان وثمانون
ottantatre	θalāθa wa θamānūn	ثلاثة وثمانون
novanta	tis'ūn	تسعون
novantuno	wāḥid wa tis'ūn	واحد وتسعون
novantadue	iθnān wa tis'ūn	إثنان وتسعون
novantatre	θalāθa wa tis'ūn	ثلاثة وتسعون

4. Numeri cardinali. Parte 2

cento	mi'a	مائة
duecento	mi'atān	مائتان
trecento	θalāθumi'a	ثلاثمائة
quattrocento	rub'umi'a	أربعمائة
cinquecento	χamsumi'a	خمسمائة
seicento	sittumi'a	ستّمائة
settecento	sab'umi'a	سبعمائة
ottocento	θamānimi'a	ثمانمائة
novecento	tis'umi'a	تسعمائة
mille	alf	ألف
duemila	alfān	ألفان
tremila	θalāθat 'ālāf	ثلاثة آلاف
diecimila	'aʃarat 'ālāf	عشرة آلاف
centomila	mi'at alf	مائة ألف
milione (m)	milyūn (m)	مليون
miliardo (m)	milyār (m)	مليار

5. Numeri. Frazioni

frazione (f)	kasr (m)	كسر
un mezzo	niṣf	نصف
un terzo	θulθ	ثلث
un quarto	rub'	ربع
un ottavo	θumn	ثمن
un decimo	'uʃr	عشر

| due terzi | θulθān | ثلثان |
| tre quarti | talātit arbā‘ | ثلاثة أرباع |

6. Numeri. Operazioni aritmetiche di base

sottrazione (f)	ṭarḥ (m)	طرح
sottrarre (vt)	ṭaraḥ	طرح
divisione (f)	qisma (f)	قسمة
dividere (vt)	qasam	قسم

addizione (f)	ʒam‘ (m)	جمع
addizionare (vt)	ʒama‘	جمع
aggiungere (vt)	ʒama‘	جمع
moltiplicazione (f)	ḍarb (m)	ضرب
moltiplicare (vt)	ḍarab	ضرب

7. Numeri. Varie

cifra (f)	raqm (m)	رقم
numero (m)	‘adad (m)	عدد
numerale (m)	ism al ‘adad (m)	إسم العدد
meno (m)	nāqiṣ (m)	ناقص
più (m)	zā’id (m)	زائد
formula (f)	ṣīɣa (f)	صيغة

calcolo (m)	ḥisāb (m)	حساب
contare (vt)	‘add	عدّ
calcolare (vt)	ḥasab	حسب
comparare (vt)	qāran	قارن

Quanto? Quanti?	kam?	كم؟
somma (f)	maʒmū‘ (m)	مجموع
risultato (m)	natīʒa (f)	نتيجة
resto (m)	al bāqi (m)	الباقي

qualche ...	‘iddat	عدّة
un po' di ...	qalīl	قليل
resto (m)	al bāqi (m)	الباقي
uno e mezzo	wāḥid wa niṣf (m)	واحد ونصف
dozzina (f)	iθnā ‘aʃar (f)	إثنا عشر

in due	ila ʃaṭrayn	إلى شطرين
in parti uguali	bit tasāwi	بالتساوى
metà (f), mezzo (m)	niṣf (m)	نصف
volta (f)	marra (f)	مرّة

8. I verbi più importanti. Parte 1

| accorgersi (vr) | lāḥaẓ | لاحظ |
| afferrare (vt) | amsak | أمسك |

affittare (dare in affitto)	ista'ʒar	إستأجِر
aiutare (vt)	sā'ad	ساعد
amare (qn)	aḥabb	أحبّ
andare (camminare)	maʃa	مشى
annotare (vt)	katab	كتب
appartenere (vi)	χaṣṣ	خصّ
aprire (vt)	fataḥ	فتح
arrivare (vi)	waṣal	وصل
aspettare (vt)	intazar	إنتظر
avere (vt)	malak	ملك
avere fame	arād an ya'kul	أراد أن يأكل
avere fretta	ista'ʒal	إستعجل
avere paura	χāf	خاف
avere sete	arād an yaʃrab	أراد أن يشرب
avvertire (vt)	haððar	حذّر
cacciare (vt)	iṣṭād	إصطاد
cadere (vi)	saqaṭ	سقط
cambiare (vt)	ɣayyar	غيّر
capire (vt)	fahim	فهم
cenare (vi)	ta'aʃʃa	تعشّى
cercare (vt)	baḥaθ	بحث
cessare (vt)	tawaqqaf	توقّف
chiedere (~ aiuto)	istaɣāθ	إستغاث
chiedere (domandare)	sa'al	سأل
cominciare (vt)	bada'	بدأ
comparare (vt)	qāran	قارن
confondere (vt)	iχtalaṭ	إختلط
conoscere (qn)	'araf	عرف
conservare (vt)	ḥafaẓ	حفظ
consigliare (vt)	naṣaḥ	نصح
contare (calcolare)	'add	عدّ
contare su ...	i'tamad 'ala ...	إعتمد على...
continuare (vt)	istamarr	إستمرّ
controllare (vt)	taḥakkam	تحكّم
correre (vi)	ʒara	جرى
costare (vt)	kallaf	كلّف
creare (vt)	χalaq	خلق
cucinare (vi)	ḥaḍḍar	حضّر

9. I verbi più importanti. Parte 2

dare (vt)	a'ta	أعطى
dare un suggerimento	a'ta talmīḥ	أعطى تلميحًا
decorare (adornare)	zayyan	زيّن
difendere (~ un paese)	dāfa'	دافع
dimenticare (vt)	nasiy	نسي
dire (~ la verità)	qāl	قال

dirigere (compagnia, ecc.)	adār	أدار
discutere (vt)	nāqaʃ	ناقش
domandare (vt)	ṭalab	طلب
dubitare (vi)	ʃakk fi	شكّ في

entrare (vi)	daχal	دخل
esigere (vt)	ṭālib	طالب
esistere (vi)	kān mawʒūd	كان موجودًا

essere (vi)	kān	كان
essere d'accordo	ittafaq	إتّفق
fare (vt)	'amal	عمل
fare colazione	aftar	أفطر

fare il bagno	sabaḥ	سبح
fermarsi (vr)	waqaf	وقف
fidarsi (vr)	waθiq	وثق
finire (vt)	atamm	أتمّ
firmare (~ un documento)	waqqa'	وقّع

giocare (vi)	la'ib	لعب
girare (~ a destra)	in'aṭaf	إنعطف
gridare (vi)	ṣaraχ	صرخ
indovinare (vt)	χamman	خمّن
informare (vt)	aχbar	أخبر

ingannare (vt)	χada'	خدع
insistere (vi)	aṣarr	أصرّ
insultare (vt)	ahān	أهان
interessarsi di ...	ihtamm	إهتمّ
invitare (vt)	da'a	دعا

lamentarsi (vr)	ʃaka	شكا
lasciar cadere	awqa'	أوقع
lavorare (vi)	'amal	عمل
leggere (vi, vt)	qara'	قرأ
liberare (vt)	ḥarrar	حرّر

10. I verbi più importanti. Parte 3

mancare le lezioni	ɣāb	غاب
mandare (vt)	arsal	أرسل
menzionare (vt)	ðakar	ذكر
minacciare (vt)	haddad	هدّد
mostrare (vt)	'araḍ	عرض

nascondere (vt)	χaba'	خبأ
nuotare (vi)	sabaḥ	سبح
obiettare (vt)	i'taraḍ	إعترض
occorrere (vimp)	kān maṭlūb	كان مطلوبا
ordinare (~ il pranzo)	ṭalab	طلب

ordinare (mil.)	amar	أمر
osservare (vt)	rāqab	راقب

pagare (vi, vt)	dafaʿ	دفع
parlare (vi, vt)	takallam	تكلّم
partecipare (vi)	iʃtarak	إشترك

pensare (vi, vt)	ẓann	ظنّ
perdonare (vt)	ʿafa	عفا
permettere (vt)	raxxaṣ	رخّص
piacere (vi)	aʿʒab	أعجب
piangere (vi)	baka	بكى

pianificare (vt)	xaṭṭaṭ	خطّط
possedere (vt)	malak	ملك
potere (v aus)	istaṭāʿ	إستطاع
pranzare (vi)	taɣadda	تغدّى
preferire (vt)	faḍḍal	فضّل

pregare (vi, vt)	ṣalla	صلّى
prendere (vt)	axað	أخذ
prevedere (vt)	tanabbaʾ	تنبّأ
promettere (vt)	waʿad	وعد
pronunciare (vt)	naṭaq	نطق

proporre (vt)	iqtarah	إقترح
punire (vt)	ʿāqab	عاقب
raccomandare (vt)	naṣah	نصح
ridere (vi)	ḍahik	ضحك
rifiutarsi (vr)	rafaḍ	رفض

rincrescere (vi)	nadim	ندم
ripetere (ridire)	karrar	كرّر
riservare (vt)	haʒaz	حجز
rispondere (vi, vt)	aʒāb	أجاب
rompere (spaccare)	kasar	كسر
rubare (~ i soldi)	saraq	سرق

11. I verbi più importanti. Parte 4

salvare (~ la vita a qn)	anqað	أنقذ
sapere (vt)	ʿaraf	عرف
sbagliare (vi)	axtaʾ	أخطأ
scavare (vt)	hafar	حفر
scegliere (vt)	ixtār	إختار

scendere (vi)	nazil	نزل
scherzare (vi)	mazah	مزح
scrivere (vt)	katab	كتب
scusarsi (vr)	iʿtaðar	إعتذر

sedersi (vr)	ʒalas	جلس
seguire (vt)	tabaʿ	تبع
sgridare (vt)	wabbax	وبّخ
significare (vt)	ʿana	عنى
sorridere (vi)	ibtasam	إبتسم
sottovalutare (vt)	istaxaff	إستخفّ

sparare (vi)	aṭlaq an nār	أطلق النار
sperare (vi, vt)	tamanna	تمنى
spiegare (vt)	ʃaraḥ	شرح
studiare (vt)	daras	درس

stupirsi (vr)	indahaʃ	إندهش
tacere (vi)	sakat	سكت
tentare (vt)	ḥāwal	حاول
toccare (~ con le mani)	lamas	لمس
tradurre (vt)	tarʒam	ترجم

trovare (vt)	waʒad	وجد
uccidere (vt)	qatal	قتل
udire (percepire suoni)	samiʿ	سمع
unire (vt)	waḥḥad	وحد
uscire (vi)	xaraʒ	خرج

vantarsi (vr)	tabāha	تباهى
vedere (vt)	raʾa	رأى
vendere (vt)	bāʿ	باع
volare (vi)	ṭār	طار
volere (desiderare)	arād	أراد

12. Colori

colore (m)	lawn (m)	لون
sfumatura (f)	daraʒat al lawn (m)	درجة اللون
tono (m)	ṣabɣit lūn (f)	لون
arcobaleno (m)	qaws quzaḥ (m)	قوس قزح

bianco (agg)	abyaḍ	أبيض
nero (agg)	aswad	أسود
grigio (agg)	ramādiy	رمادي

verde (agg)	axḍar	أخضر
giallo (agg)	aṣfar	أصفر
rosso (agg)	aḥmar	أحمر

blu (agg)	azraq	أزرق
azzurro (agg)	azraq fātiḥ	أزرق فاتح
rosa (agg)	wardiy	وردي
arancione (agg)	burtuqāliy	برتقالي
violetto (agg)	banafsaʒiy	بنفسجي
marrone (agg)	bunniy	بني

| d'oro (agg) | ðahabiy | ذهبي |
| argenteo (agg) | fiḍḍiy | فضي |

beige (agg)	bɛːʒ	بيج
color crema (agg)	ʿāʒiy	عاجي
turchese (agg)	fayrūziy	فيروزي
rosso ciliegia (agg)	karaziy	كرزي
lilla (agg)	laylakiy	ليلكي
rosso lampone (agg)	qirmiziy	قرمزي

chiaro (agg)	fātiḥ	فاتح
scuro (agg)	ɣāmiq	غامق
vivo, vivido (agg)	zāhi	زاه

colorato (agg)	mulawwan	ملوّن
a colori	mulawwan	ملوّن
bianco e nero (agg)	abyaḍ wa aswad	أبيض وأسود
in tinta unita	waḥīd al lawn, sāda	وحيد اللون, سادة
multicolore (agg)	muta'addid al alwān	متعدّد الألوان

13. Domande

Chi?	man?	من؟
Che cosa?	māða?	ماذا؟
Dove? (in che luogo?)	ayna?	أين؟
Dove? (~ vai?)	ila ayna?	إلى أين؟
Di dove?, Da dove?	min ayna?	من أين؟
Quando?	mata?	متى؟
Perché? (per quale scopo?)	li māða?	لماذا؟
Perché? (per quale ragione?)	li māða?	لماذا؟

Per che cosa?	li māða?	لماذا؟
Come?	kayfa?	كيف؟
Che? (~ colore è?)	ay?	أي؟
Quale?	ay?	أي؟

A chi?	li man?	لمن؟
Di chi?	'amman?	عمّن؟
Di che cosa?	'amma?	عمّا؟
Con chi?	ma' man?	مع من؟

Quanti?, Quanto?	kam?	كم؟
Di chi?	li man?	لمن؟

14. Parole grammaticali. Avverbi. Parte 1

Dove?	ayna?	أين؟
qui (in questo luogo)	huna	هنا
lì (in quel luogo)	hunāk	هناك

da qualche parte (essere ~)	fi makānin ma	في مكان ما
da nessuna parte	la fi ay makān	لا في أي مكان

vicino a ...	bi ӡānib	بجانب
vicino alla finestra	bi ӡānib aʃ ʃubbāk	بجانب الشبّاك

Dove?	ila ayna?	إلى أين؟
qui (vieni ~)	huna	هنا
ci (~ vado stasera)	hunāk	هناك
da qui	min huna	من هنا
da lì	min hunāk	من هناك
vicino, accanto (avv)	qarīban	قريبًا

lontano (avv)	ba'īdan	بعيدًا
vicino (~ a Parigi)	'ind	عند
vicino (qui ~)	qarīban	قريبًا
non lontano	ɣayr ba'īd	غير بعيد

sinistro (agg)	al yasār	اليسار
a sinistra (rimanere ~)	'alaʃ ʃimāl	على الشمال
a sinistra (girare ~)	ilaʃ ʃimāl	إلى الشمال

destro (agg)	al yamīn	اليمين
a destra (rimanere ~)	'alal yamīn	على اليمين
a destra (girare ~)	llal yamīn	إلى اليمين

davanti	min al amām	من الأمام
anteriore (agg)	amāmiy	أمامي
avanti	ilal amām	إلى الأمام

dietro (avv)	warā'	وراء
da dietro	min al warā'	من الوراء
indietro	ilal warā'	إلى الوراء

mezzo (m), centro (m)	wasaṭ (m)	وسط
in mezzo, al centro	fil wasat	في الوسط

di fianco	bi ʒānib	بجانب
dappertutto	fi kull makān	في كل مكان
attorno	ḥawl	حول

da dentro	min ad dāχil	من الداخل
da qualche parte (andare ~)	ila ayy makān	إلى أيّ مكان
dritto (direttamente)	bi aqṣar ṭarīq	بأقصر طريق
indietro	'īyāban	إيابًا

da qualsiasi parte	min ayy makān	من أي مكان
da qualche posto (veniamo ~)	min makānin ma	من مكان ما

in primo luogo	awwalan	أوَّلَا
in secondo luogo	θāniyan	ثانيًا
in terzo luogo	θāliθan	ثالثًا

all'improvviso	faʒ'a	فجأة
all'inizio	fil bidāya	في البداية
per la prima volta	li 'awwal marra	لأوّل مرّة
molto tempo prima di...	qabl ... bi mudda ṭawīla	قبل...بمدّة طويلة
di nuovo	min ʒadīd	من جديد
per sempre	ilal abad	إلى الأبد

mai	abadan	أبدًا
ancora	min ʒadīd	من جديد
adesso	al 'ān	الآن
spesso (avv)	kaθīran	كثيرًا
allora	fi ðalika al waqt	في ذلك الوقت
urgentemente	'āʒilan	عاجلَا
di solito	kal 'āda	كالعادة
a proposito, ...	'ala fikra ...	على فكرة...

è possibile	min al mumkin	من الممكن
probabilmente	la'alla	لعل
forse	min al mumkin	من الممكن
inoltre ...	bil iḍāfa ila ðalik ...	بالإضافة إلى...
ecco perché ...	li ðalik	لذلك
nonostante (~ tutto)	bir raɣm min ...	بالرغم من...
grazie a ...	bi faḍl ...	بفضل...

che cosa (pron)	allaði	الذي
che (cong)	anna	أنَ
qualcosa (qualsiasi cosa)	ʃay' (m)	شيء
qualcosa (le serve ~?)	ʃay' (m)	شيء
niente	la ʃay'	لا شيء

chi (pron)	allaði	الذي
qualcuno (annuire a ~)	aḥad	أحد
qualcuno (dipendere da ~)	aḥad	أحد

nessuno	la aḥad	لا أحد
da nessuna parte	la ila ay makān	لا إلى أي مكان
di nessuno	la yaχuṣṣ aḥad	لا يخص أحداً
di qualcuno	li aḥad	لأحد

così (era ~ arrabbiato)	hakaða	هكذا
anche (penso ~ a ...)	kaðalika	كذلك
anche, pure	ayḍan	أيضاً

15. Parole grammaticali. Avverbi. Parte 2

Perché?	li māða?	لماذا؟
per qualche ragione	li sababin ma	لسبب ما
perché ...	li'anna ...	لأنَ...
per qualche motivo	li amr mā	لأمر ما

e (cong)	wa	و
o (sì ~ no?)	aw	أو
ma (però)	lakin	لكن
per (~ me)	li	لـ

troppo	kaθīran ʒiddan	كثيراً جداً
solo (avv)	faqaṭ	فقط
esattamente	biḍ ḍabṭ	بالضبط
circa (~ 10 dollari)	naḥw	نحو

approssimativamente	taqrīban	تقريباً
approssimativo (agg)	taqrībiy	تقريبيّ
quasi	taqrīban	تقريباً
resto	al bāqi (m)	الباقي

ogni (agg)	kull	كلَ
qualsiasi (agg)	ayy	أيَ
molti, molto	kaθīr	كثير
molta gente	kaθīr min an nās	كثير من الناس
tutto, tutti	kull an nās	كل الناس

in cambio di ...	muqābil ...	مقابل...
in cambio	muqābil	مقابل
a mano (fatto ~)	bil yad	باليد
poco probabile	hayhāt	هيهات
probabilmente	la'alla	لعلَ
apposta	qaṣdan	قصدا
per caso	ṣudfa	صدفة
molto (avv)	ʒiddan	جدًا
per esempio	maθalan	مثلًا
fra (~ due)	bayn	بين
fra (~ più di due)	bayn	بين
tanto (quantità)	haðihi al kammiyya	هذه الكمية
soprattutto	χāṣṣa	خاصّة

Concetti di base. Parte 2

16. Giorni della settimana

lunedì (m)	yawm al iθnayn (m)	يوم الإثنين
martedì (m)	yawm aθ θulāθā' (m)	يوم الثلاثاء
mercoledì (m)	yawm al arbi'ā' (m)	يوم الأربعاء
giovedì (m)	yawm al χamīs (m)	يوم الخميس
venerdì (m)	yawm al ʒum'a (m)	يوم الجمعة
sabato (m)	yawm as sabt (m)	يوم السبت
domenica (f)	yawm al aḥad (m)	يوم الأحد

oggi (avv)	al yawm	اليوم
domani	yadan	غدًا
dopodomani	ba'd yad	بعد غد
ieri (avv)	ams	أمس
l'altro ieri	awwal ams	أوّل أمس

giorno (m)	yawm (m)	يوم
giorno (m) lavorativo	yawm 'amal (m)	يوم عمل
giorno (m) festivo	yawm al 'uṭla ar rasmiyya (m)	يوم العطلة الرسمية
giorno (m) di riposo	yawm 'uṭla (m)	يوم عطلة
fine (m) settimana	ayyām al 'uṭla (pl)	أيام العطلة

tutto il giorno	ṭūl al yawm	طول اليوم
l'indomani	fil yawm at tāli	في اليوم التالي
due giorni fa	min yawmayn	قبل يومين
il giorno prima	fil yawm as sābiq	في اليوم السابق
quotidiano (agg)	yawmiy	يومي
ogni giorno	yawmiyyan	يوميًا

settimana (f)	usbū' (m)	أسبوع
la settimana scorsa	fil isbū' al māḍi	في الأسبوع الماضي
la settimana prossima	fil isbū' al qādim	في الأسبوع القادم
settimanale (agg)	usbū'iy	أسبوعي
ogni settimana	usbū'iyyan	أسبوعيًا
due volte alla settimana	marratayn fil usbū'	مرّتين في الأسبوع
ogni martedì	kull yawm aθ θulaθā'	كل يوم الثلاثاء

17. Ore. Giorno e notte

mattina (f)	ṣabāḥ (m)	صباح
di mattina	fiṣ ṣabāḥ	في الصباح
mezzogiorno (m)	ẓuhr (m)	ظهر
nel pomeriggio	ba'd aẓ ẓuhr	بعد الظهر

sera (f)	masā' (m)	مساء
di sera	fil masā'	في المساء

notte (f)	layl (m)	ليل
di notte	bil layl	بالليل
mezzanotte (f)	muntaṣif al layl (m)	منتصف الليل

secondo (m)	θāniya (f)	ثانية
minuto (m)	daqīqa (f)	دقيقة
ora (f)	sā'a (f)	ساعة
mezzora (f)	niṣf sā'a (m)	نصف ساعة
un quarto d'ora	rub' sā'a (f)	ربع ساعة
quindici minuti	χamsat 'aʃar daqīqa	خمس عشرة دقيقة
ventiquattro ore	yawm kāmil (m)	يوم كامل

levata (f) del sole	ʃurūq aʃ ʃams (m)	شروق الشمس
alba (f)	faʒr (m)	فجر
mattutino (m)	ṣabāḥ bākir (m)	صباح باكر
tramonto (m)	ɣurūb aʃ ʃams (m)	غروب الشمس

di buon mattino	fis ṣabāḥ al bākir	في الصباح الباكر
stamattina	al yawm fiṣ ṣabāḥ	اليوم في الصباح
domattina	ɣadan fiṣ ṣabāḥ	غدًا في الصباح

oggi pomeriggio	al yawm ba'd aẓ ẓuhr	اليوم بعد الظهر
nel pomeriggio	ba'd aẓ ẓuhr	بعد الظهر
domani pomeriggio	ɣadan ba'd aẓ ẓuhr	غدًا بعد الظهر

| stasera | al yawm fil masā' | اليوم في المساء |
| domani sera | ɣadan fil masā' | غدًا في المساء |

alle tre precise	fis sā'a aθ θāliθa tamāman	في الساعة الثالثة تماما
verso le quattro	fis sā'a ar rābi'a taqrīban	في الساعة الرابعة تقريبا
per le dodici	ḥattas sā'a aθ θāniya 'aʃara	حتى الساعة الثانية عشرة
fra venti minuti	ba'd 'iʃrīn daqīqa	بعد عشرين دقيقة
fra un'ora	ba'd sā'a	بعد ساعة
puntualmente	fi maw'idih	في موعده

un quarto di ...	illa rub'	إلا ربع
entro un'ora	ṭiwāl sā'a	طوال الساعة
ogni quindici minuti	kull rub' sā'a	كل ربع ساعة
giorno e notte	layl nahār	ليل نهار

18. Mesi. Stagioni

gennaio (m)	yanāyir (m)	يناير
febbraio (m)	fibrāyir (m)	فبراير
marzo (m)	māris (m)	مارس
aprile (m)	abrīl (m)	أبريل
maggio (m)	māyu (m)	مايو
giugno (m)	yūnyu (m)	يونيو

luglio (m)	yūlyu (m)	يوليو
agosto (m)	aɣusṭus (m)	أغسطس
settembre (m)	sibtambar (m)	سبتمبر
ottobre (m)	uktūbir (m)	أكتوبر
novembre (m)	nuvimbar (m)	نوفمبر

dicembre (m)	disimbar (m)	ديسمبر
primavera (f)	rabī' (m)	ربيع
in primavera	fir rabī'	في الربيع
primaverile (agg)	rabī'iy	ربيعي

estate (f)	ṣayf (m)	صيف
in estate	fiṣ ṣayf	في الصيف
estivo (agg)	ṣayfiy	صيفي

autunno (m)	χarīf (m)	خريف
in autunno	fil χarīf	في الخريف
autunnale (agg)	χarīfiy	خريفي

inverno (m)	ʃitā' (m)	شتاء
in inverno	fiʃ ʃitā'	في الشتاء
invernale (agg)	ʃitawiy	شتوي

mese (m)	ʃahr (m)	شهر
questo mese	fi haða aʃ ʃahr	في هذا الشهر
il mese prossimo	fiʃ ʃahr al qādim	في الشهر القادم
il mese scorso	fiʃ ʃahr al māḍi	في الشهر الماضي
un mese fa	qabl ʃahr	قبل شهر
fra un mese	ba'd ʃahr	بعد شهر
fra due mesi	ba'd ʃahrayn	بعد شهرين
un mese intero	ṭūl aʃ ʃahr	طول الشهر
per tutto il mese	ʃahr kāmil	شهر كامل

mensile (rivista ~)	ʃahriy	شهري
mensilmente	kull ʃahr	كل شهر
ogni mese	kull ʃahr	كل شهر
due volte al mese	marratayn fiʃ ʃahr	مرّتين في الشهر

anno (m)	sana (f)	سنة
quest'anno	fi haðihi as sana	في هذه السنة
l'anno prossimo	fis sana al qādima	في السنة القادمة
l'anno scorso	fis sana al māḍiya	في السنة الماضية

un anno fa	qabla sana	قبل سنة
fra un anno	ba'd sana	بعد سنة
fra due anni	ba'd sanatayn	بعد سنتين
un anno intero	ṭūl as sana	طول السنة
per tutto l'anno	sana kāmila	سنة كاملة

ogni anno	kull sana	كل سنة
annuale (agg)	sanawiy	سنوي
annualmente	kull sana	كل سنة
quattro volte all'anno	arba' marrāt fis sana	أربع مرّات في السنة

data (f) (~ di oggi)	tarīχ (m)	تاريخ
data (f) (~ di nascita)	tarīχ (m)	تاريخ
calendario (m)	taqwīm (m)	تقويم

mezz'anno (m)	niṣf sana (m)	نصف سنة
semestre (m)	niṣf sana (m)	نصف سنة
stagione (f) (estate, ecc.)	faṣl (m)	فصل
secolo (m)	qarn (m)	قرن

19. Orario. Varie

tempo (m)	waqt (m)	وقت
istante (m)	laḥza (f)	لحظة
momento (m)	laḥza (f)	لحظة
istantaneo (agg)	χāṭif	خاطف
periodo (m)	fatra (f)	فترة
vita (f)	ḥayāt (f)	حياة
eternità (f)	abadiyya (f)	أبدية

epoca (f)	'ahd (m)	عهد
era (f)	'aṣr (m)	عصر
ciclo (m)	dawra (f)	دورة
periodo (m)	fatra (f)	فترة
scadenza (f)	fatra (f)	فترة

futuro (m)	al mustaqbal (m)	المستقبل
futuro (agg)	qādim	قادم
la prossima volta	fil marra al qādima	في المرّة القادمة
passato (m)	al māḍi (m)	الماضي
scorso (agg)	māḍi	ماض
la volta scorsa	fil marra al māḍiya	في المرّة الماضية

più tardi	fima ba'd	فيما بعد
dopo	ba'd	بعد
oggigiorno	fi haðihi al ayyām	في هذه الأيام
adesso, ora	al 'ān	الآن
immediatamente	ḥālan	حالاً
fra poco, presto	qarīban	قريباً
in anticipo	muqaddaman	مقدّماً

tanto tempo fa	min zamān	من زمان
di recente	min zaman qarīb	من زمان قريب
destino (m)	maṣīr (m)	مصير
ricordi (m pl)	ðikra (f)	ذكرى
archivio (m)	arʃīf (m)	أرشيف

durante ...	aθnā'...	أثناء...
a lungo	li mudda ṭawīla	لمدّة طويلة
per poco tempo	li mudda qaṣīra	لمدّة قصيرة
presto (al mattino ~)	bākiran	باكراً
tardi (non presto)	muta'aχχiran	متأخّراً

per sempre	lil abad	للأبد
cominciare (vt)	bada'	بدأ
posticipare (vt)	aʒʒal	أجّل

simultaneamente	fi nafs al waqt	في نفس الوقت
tutto il tempo	dā'iman	دائماً
costante (agg)	mustamirr	مستمرّ
temporaneo (agg)	mu'aqqat	مؤقّت

a volte	min ḥīn li 'āχar	من حين لآخر
raramente	nādiran	نادراً
spesso (avv)	kaθīran	كثيراً

20. Contrari

| ricco (agg) | ɣaniy | غَنِيّ |
| povero (agg) | faqīr | فقير |

| malato (agg) | marīḍ | مريض |
| sano (agg) | salīm | سليم |

| grande (agg) | kabīr | كبير |
| piccolo (agg) | ṣaɣīr | صغير |

| rapidamente | bi surʻa | بسرعة |
| lentamente | bi buṭ' | ببطء |

| veloce (agg) | sarīʻ | سريع |
| lento (agg) | baṭīʼ | بطيء |

| allegro (agg) | farḥān | فرحان |
| triste (agg) | ḥazīn | حزين |

| insieme | maʻan | معًا |
| separatamente | bi mufradih | بمفرده |

| ad alta voce (leggere ~) | bi ṣawt ʻāli | بصوت عال |
| in silenzio | sirran | سرًّا |

| alto (agg) | ʻāli | عال |
| basso (agg) | munχafiḍ | منخفض |

| profondo (agg) | ʻamīq | عميق |
| basso (agg) | ḍaḥl | ضحل |

| sì | naʻam | نعم |
| no | la | لا |

| lontano (agg) | baʻīd | بعيد |
| vicino (agg) | qarīb | قريب |

| lontano (avv) | baʻīdan | بعيدًا |
| vicino (avv) | qarīban | قريبًا |

| lungo (agg) | ṭawīl | طويل |
| corto (agg) | qaṣīr | قصير |

| buono (agg) | ṭayyib | طَيَب |
| cattivo (agg) | ʃarīr | شرير |

| sposato (agg) | mutazawwiʒ | متزوّج |
| celibe (agg) | aʻzab | أعزب |

| vietare (vt) | manaʻ | منع |
| permettere (vt) | samaḥ | سمح |

| fine (f) | nihāya (f) | نهاية |
| inizio (m) | bidāya (f) | بداية |

sinistro (agg)	al yasār	اليسار
destro (agg)	al yamīn	اليمين
primo (agg)	awwal	أوَل
ultimo (agg)	'āχir	آخر
delitto (m)	ʒarīma (f)	جريمة
punizione (f)	'uqūba (f),'iqāb (m)	عقوبة, عقاب
ordinare (vt)	amar	أمر
obbedire (vi)	ṭā'	طاع
dritto (agg)	mustaqīm	مستقيم
curvo (agg)	munḥani	منحن
paradiso (m)	al ʒanna (f)	الجنّة
inferno (m)	al ʒahīm (f)	الجحيم
nascere (vi)	wulid	وُلد
morire (vi)	māt	مات
forte (agg)	qawiy	قويَ
debole (agg)	ḍaʿīf	ضعيف
vecchio (agg)	'aʒūz	عجوز
giovane (agg)	ʃābb	شابَ
vecchio (agg)	qadīm	قديم
nuovo (agg)	ʒadīd	جديد
duro (agg)	ṣalb	صلب
morbido (agg)	ṭariy	طريَ
caldo (agg)	dāfi'	دافئ
freddo (agg)	bārid	بارد
grasso (agg)	θaχīn	ثخين
magro (agg)	naḥīf	نحيف
stretto (agg)	ḍayyiq	ضيَق
largo (agg)	wāsiʿ	واسع
buono (agg)	ʒayyid	جيَد
cattivo (agg)	sayyi'	سيئ
valoroso (agg)	ʃuʒāʿ	شجاع
codardo (agg)	ʒabān	جبان

21. Linee e forme

quadrato (m)	murabbaʿ (m)	مربَع
quadrato (agg)	murabbaʿ	مربَع
cerchio (m)	dā'ira (f)	دائرة
rotondo (agg)	mudawwar	مدوَر

triangolo (m)	muθallaθ (m)	مثلث
triangolare (agg)	muθallaθ	مثلث

ovale (m)	baydawiy (m)	بيضوي
ovale (agg)	baydawiy	بيضوي
rettangolo (m)	mustaṭīl (m)	مستطيل
rettangolare (agg)	mustaṭīliy	مستطيلي

piramide (f)	haram (m)	هرم
rombo (m)	mu'ayyan (m)	معين
trapezio (m)	murabba' munḥarif (m)	مربع منحرف
cubo (m)	muka''ab (m)	مكعب
prisma (m)	manʃūr (m)	منشور

circonferenza (f)	muḥīṭ munḥanan muɣlaq (m)	محيط منحنى مغلق
sfera (f)	kura (f)	كرة
palla (f)	kura (f)	كرة
diametro (m)	quṭr (m)	قطر
raggio (m)	niṣf qaṭr (m)	نصف قطر
perimetro (m)	muḥīṭ (m)	محيط
centro (m)	wasaṭ (m)	وسط

orizzontale (agg)	ufuqiy	أفقي
verticale (agg)	'amūdiy	عمودي
parallela (f)	χaṭṭ mutawāzi (m)	خط متواز
parallelo (agg)	mutawāzi	متواز

linea (f)	χaṭṭ (m)	خط
tratto (m)	ḥaraka (m)	حركة
linea (f) retta	χaṭṭ mustaqīm (m)	خط مستقيم
linea (f) curva	χaṭṭ munḥani (m)	خط منحن
sottile (uno strato ~)	rafī'	رفيع
contorno (m)	kuntūr (m)	كنتور

intersezione (f)	taqāṭu' (m)	تقاطع
angolo (m) retto	zāwya mustaqīma (f)	زاوية مستقيمة
segmento	qiṭ'a (f)	قطعة
settore (m)	qiṭā' (m)	قطاع
lato (m)	ḍil' (m)	ضلع
angolo (m)	zāwiya (f)	زاوية

22. Unità di misura

peso (m)	wazn (m)	وزن
lunghezza (f)	ṭūl (m)	طول
larghezza (f)	'arḍ (m)	عرض
altezza (f)	irtifā' (m)	إرتفاع
profondità (f)	'umq (m)	عمق
volume (m)	ḥaʒm (m)	حجم
area (f)	misāḥa (f)	مساحة

grammo (m)	grām (m)	جرام
milligrammo (m)	milliɣrām (m)	مليغرام
chilogrammo (m)	kiluɣrām (m)	كيلوغرام

tonnellata (f)	ṭunn (m)	طنَّ
libbra (f)	raṭl (m)	رطل
oncia (f)	ūnṣa (f)	أونصة

metro (m)	mitr (m)	متر
millimetro (m)	millimitr (m)	ملَيمتر
centimetro (m)	santimitr (m)	سنتيمتر
chilometro (m)	kilumitr (m)	كيلومتر
miglio (m)	mīl (m)	ميل

pollice (m)	būṣa (f)	بوصة
piede (f)	qadam (f)	قدم
iarda (f)	yārda (f)	ياردة

metro (m) quadro	mitr murabbaʿ (m)	متر مربَّع
ettaro (m)	hiktār (m)	هكتار

litro (m)	litr (m)	لتر
grado (m)	daraʒa (f)	درجة
volt (m)	vūlt (m)	فولت
ampere (m)	ambīr (m)	أمبير
cavallo vapore (m)	ḥiṣān (m)	حصان

quantità (f)	kammiyya (f)	كمَّية
un po' di ...	qalīl ...	قليل...
metà (f)	niṣf (m)	نصف
dozzina (f)	iθnā ʿaʃar (f)	إثنا عشر
pezzo (m)	waḥda (f)	وحدة

dimensione (f)	ḥaʒm (m)	حجم
scala (f) (modello in ~)	miqyās (m)	مقياس

minimo (agg)	al adna	الأدنى
minore (agg)	al aṣɣar	الأصغر
medio (agg)	mutawassiṭ	متوسَّط
massimo (agg)	al aqṣa	الأقصى
maggiore (agg)	al akbar	الأكبر

23. Contenitori

barattolo (m) di vetro	barṭamān (m)	برطمان
latta, lattina (f)	tanaka (f)	تنكة
secchio (m)	ʒardal (m)	جردل
barile (m), botte (f)	barmīl (m)	برميل

catino (m)	ḥawḍ lil ɣasīl (m)	حوض للغسيل
serbatoio (m) (per liquidi)	χazzān (m)	خزّان
fiaschetta (f)	zamzamiyya (f)	زمزمية
tanica (f)	ʒirikan (m)	جركن
cisterna (f)	χazzān (m)	خزّان

tazza (f)	māgg (m)	ماجّ
tazzina (f) (~ di caffé)	finʒān (m)	فنجان
piattino (m)	ṭabaq finʒān (m)	طبق فنجان

bicchiere (m) (senza stelo)	kubbāya (f)	كُبّاية
calice (m)	ka's (f)	كأس
casseruola (f)	kassirūlla (f)	كاسرولة

| bottiglia (f) | zuӡāӡa (f) | زجاجة |
| collo (m) (~ della bottiglia) | 'unq (m) | عنق |

caraffa (f)	dawraq zuӡāӡiy (m)	دورق زجاجيّ
brocca (f)	ibrīq (m)	إبريق
recipiente (m)	inā' (m)	إناء
vaso (m) di coccio	aṣīṣ (m)	أصيص
vaso (m) di fiori	vāza (f)	فازة

boccetta (f) (~ di profumo)	zuӡāӡa (f)	زجاجة
fiala (f)	zuӡāӡa (f)	زجاجة
tubetto (m)	umbūba (f)	أنبوبة

sacco (m) (~ di patate)	kīs (m)	كيس
sacchetto (m) (~ di plastica)	kīs (m)	كيس
pacchetto (m) (~ di sigarette, ecc.)	'ulba (f)	علبة

scatola (f) (~ per scarpe)	'ulba (f)	علبة
cassa (f) (~ di vino, ecc.)	ṣundū' (m)	صندوق
cesta (f)	salla (f)	سلة

24. Materiali

materiale (m)	mādda (f)	مادّة
legno (m)	χaʃab (m)	خشب
di legno	χaʃabiy	خشبيّ

| vetro (m) | zuӡāӡ (m) | زجاج |
| di vetro | zuӡāӡiy | زجاجيّ |

| pietra (f) | haӡar (m) | حجر |
| di pietra | haӡariy | حجريّ |

| plastica (f) | blastīk (m) | بلاستيك |
| di plastica | min al blastīk | من البلاستيك |

| gomma (f) | maṭṭāṭ (m) | مطّاط |
| di gomma | maṭṭāṭiy | مطّاطيّ |

| stoffa (f) | qumāʃ (m) | قماش |
| di stoffa | min al qumāʃ | من القماش |

| carta (f) | waraq (m) | ورق |
| di carta | waraqiy | ورقيّ |

cartone (m)	kartūn (m)	كرتون
di cartone	kartūniy	كرتونيّ
polietilene (m)	buli iθilīn (m)	بولي إثيلين
cellofan (m)	silufān (m)	سيلوفان

legno (m) compensato	ablakāʃ (m)	أبلكاش
porcellana (f)	bursilān (m)	بورسلان
di porcellana	min il bursilān	من البورسلان
argilla (f)	ṭīn (m)	طين
d'argilla	faxxāry	فخّاري
ceramica (f)	siramīk (m)	سيراميك
ceramico	siramīkiy	سيراميكيّ

25. Metalli

metallo (m)	maʿdan (m)	معدن
metallico	maʿdaniy	معدنيّ
lega (f)	sabīka (f)	سبيكة
oro (m)	ðahab (m)	ذهب
d'oro	ðahabiy	ذهبيّ
argento (m)	fiḍḍa (f)	فضّة
d'argento	fiḍḍiy	فضّيّ
ferro (m)	ḥadīd (m)	حديد
di ferro	ḥadīdiy	حديديّ
acciaio (m)	fūlāð (m)	فولاذ
d'acciaio	fulāðiy	فولاذيّ
rame (m)	nuḥās (m)	نحاس
di rame	nuḥāsiy	نحاسيّ
alluminio (m)	alumīniyum (m)	الومينيوم
di alluminio, alluminico	alumīniyum	الومينيوم
bronzo (m)	brūnz (m)	برونز
di bronzo	brūnziy	برونزيّ
ottone (m)	nuḥās aṣfar (m)	نحاس أصفر
nichel (m)	nikil (m)	نيكل
platino (m)	blatīn (m)	بلاتين
mercurio (m)	ziʾbaq (m)	زئبق
stagno (m)	qaṣdīr (m)	قصدير
piombo (m)	ruṣāṣ (m)	رصاص
zinco (m)	zink (m)	زنك

ESSERE UMANO

Essere umano. Il corpo umano

26. L'uomo. Concetti di base

uomo (m) (essere umano)	insān (m)	إنسان
uomo (m) (adulto maschio)	raʒul (m)	رجل
donna (f)	imraʾa (f)	إمرأة
bambino (m) (figlio)	ṭifl (m)	طفل
bambina (f)	bint (f)	بنت
bambino (m)	walad (m)	ولد
adolescente (m, f)	murāhiq (m)	مراهق
vecchio (m)	ʿaʒūz (m)	عجوز
vecchia (f)	ʿaʒūza (f)	عجوزة

27. Anatomia umana

organismo (m)	ʒism (m)	جسم
cuore (m)	qalb (m)	قلب
sangue (m)	dam (m)	دم
arteria (f)	ʃaryān (m)	شريان
vena (f)	ʿirq (m)	عرق
cervello (m)	muxx (m)	مخ
nervo (m)	ʿaṣab (m)	عصب
nervi (m pl)	aʿṣāb (pl)	أعصاب
vertebra (f)	faqra (f)	فقرة
colonna (f) vertebrale	ʿamūd faqriy (m)	عمود فقري
stomaco (m)	maʿida (f)	معدة
intestini (m pl)	amʿāʾ (pl)	أمعاء
intestino (m)	miʿan (m)	معى
fegato (m)	kibd (f)	كبد
rene (m)	kilya (f)	كلية
osso (m)	ʿaẓm (m)	عظم
scheletro (m)	haykal ʿaẓmiy (m)	هيكل عظمي
costola (f)	ḍilʿ (m)	ضلع
cranio (m)	ʒumʒuma (f)	جمجمة
muscolo (m)	ʿaḍala (f)	عضلة
bicipite (m)	ʿaḍala ðāt raʾsayn (f)	عضلة ذات رأسين
tricipite (m)	ʿaḍla θulāθiyyat ar ruʾūs (f)	عضلة ثلاثية الرءوس
tendine (m)	watar (m)	وتر
articolazione (f)	mafṣil (m)	مفصل

polmoni (m pl)	ri'atān (du)	رِئتان
genitali (m pl)	a'ḍā' ʒinsiyya (pl)	أعضاء جنسيّة
pelle (f)	buʃra (m)	بشرة

28. Testa

testa (f)	ra's (m)	رأس
viso (m)	waʒh (m)	وجه
naso (m)	anf (m)	أنف
bocca (f)	fam (m)	فم

occhio (m)	'ayn (f)	عين
occhi (m pl)	'uyūn (pl)	عيون
pupilla (f)	ḥadaqa (f)	حدقة
sopracciglio (m)	ḥāʒib (m)	حاجب
ciglio (m)	rimʃ (m)	رمش
palpebra (f)	ʒafn (m)	جفن

lingua (f)	lisān (m)	لسان
dente (m)	sinn (f)	سنّ
labbra (f pl)	ʃifāh (pl)	شفاه
zigomi (m pl)	'iẓām waʒhiyya (pl)	عظام وجهيّة
gengiva (f)	liθθa (f)	لِثّة
palato (m)	ḥanak (m)	حنك

narici (f pl)	minxarān (du)	منخران
mento (m)	ðaqan (m)	ذقن
mascella (f)	fakk (m)	فكّ
guancia (f)	xadd (m)	خدّ

fronte (f)	ʒabha (f)	جبهة
tempia (f)	ṣudɣ (m)	صدغ
orecchio (m)	uðun (f)	أذن
nuca (f)	qafa (m)	قفا
collo (m)	raqaba (f)	رقبة
gola (f)	ḥalq (m)	حلق

capelli (m pl)	ʃa'r (m)	شعر
pettinatura (f)	tasrīḥa (f)	تسريحة
taglio (m)	tasrīḥa (f)	تسريحة
parrucca (f)	barūka (f)	باروكة

baffi (m pl)	ʃawārib (pl)	شوارب
barba (f)	liḥya (f)	لحية
portare (~ la barba, ecc.)	'indahu	عنده
treccia (f)	ḍifīra (f)	ضفيرة
basette (f pl)	sawālif (pl)	سوالف

rosso (agg)	aḥmar aʃ ʃa'r	أحمر الشعر
brizzolato (agg)	abyaḍ	أبيض
calvo (agg)	aṣla'	أصلع
calvizie (f)	ṣala' (m)	صلع
coda (f) di cavallo	ðayl ḥiṣān (m)	ذيل حصان
frangetta (f)	quṣṣa (f)	قصّة

29. Corpo umano

mano (f)	yad (m)	يد
braccio (m)	ðirāʿ (f)	ذراع

dito (m)	iṣbaʿ (m)	إصبع
dito (m) del piede	iṣbaʿ al qadam (m)	إصبع القدم
pollice (m)	ibhām (m)	إبهام
mignolo (m)	χunṣur (m)	خنصر
unghia (f)	ẓufr (m)	ظفر

pugno (m)	qabḍa (f)	قبضة
palmo (m)	kaff (f)	كفّ
polso (m)	miʿṣam (m)	معصم
avambraccio (m)	sāʿid (m)	ساعد
gomito (m)	mirfaq (m)	مرفق
spalla (f)	katf (f)	كتف

gamba (f)	riʒl (f)	رجل
pianta (f) del piede	qadam (f)	قدم
ginocchio (m)	rukba (f)	ركبة
polpaccio (m)	sammāna (f)	سمّانة
anca (f)	faχð (f)	فخذ
tallone (m)	ʿaqb (m)	عقب

corpo (m)	ʒism (m)	جسم
pancia (f)	baṭn (m)	بطن
petto (m)	ṣadr (m)	صدر
seno (m)	θady (m)	ثدي
fianco (m)	ʒamb (m)	جنب
schiena (f)	ẓahr (m)	ظهر
zona (f) lombare	asfal aẓ ẓahr (m)	أسفل الظهر
vita (f)	χaṣr (m)	خصر

ombelico (m)	surra (f)	سرّة
natiche (f pl)	ardāf (pl)	أرداف
sedere (m)	dubr (m)	دبر

neo (m)	ʃāma (f)	شامة
voglia (f) (~ di fragola)	waḥma	وحمة
tatuaggio (m)	waʃm (m)	وشم
cicatrice (f)	nadba (f)	ندبة

Abbigliamento e Accessori

30. Indumenti. Soprabiti

vestiti (m pl)	malābis (pl)	ملابس
soprabito (m)	malābis fawqāniyya (pl)	ملابس فوقانيّة
abiti (m pl) invernali	malābis ʃitawiyya (pl)	ملابس شتويّة
cappotto (m)	mi'ṭaf (m)	معطف
pelliccia (f)	mi'ṭaf farw (m)	معطف فرو
pellicciotto (m)	ʒakīt farw (m)	جاكيت فرو
piumino (m)	ḥaʃiyyat rīʃ (m)	حشية ريش
giubbotto (m), giaccha (f)	ʒākīt (m)	جاكيت
impermeabile (m)	mi'ṭaf lil maṭar (m)	معطف للمطر
impermeabile (agg)	ṣāmid lil mā'	صامد للماء

31. Abbigliamento uomo e donna

camicia (f)	qamīṣ (m)	قميص
pantaloni (m pl)	banṭalūn (m)	بنطلون
jeans (m pl)	ʒīnz (m)	جينز
giacca (f) (~ di tweed)	sutra (f)	سترة
abito (m) da uomo	badla (f)	بدلة
abito (m)	fustān (m)	فستان
gonna (f)	tannūra (f)	تنّورة
camicetta (f)	blūza (f)	بلوزة
giacca (f) a maglia	kardigān (m)	كارديجان
giacca (f) tailleur	ʒākīt (m)	جاكيت
maglietta (f)	ti ʃirt (m)	تي شيرت
pantaloni (m pl) corti	ʃūrt (m)	شورت
tuta (f) sportiva	badlat at tadrīb (f)	بدلة التدريب
accappatoio (m)	θawb ḥammām (m)	ثوب حمّام
pigiama (m)	biʒāma (f)	بيجاما
maglione (m)	bulūvir (m)	بلوفر
pullover (m)	bulūvir (m)	بلوفر
gilè (m)	ṣudayriy (m)	صديريّ
frac (m)	badlat sahra (f)	بدلة سهرة
smoking (m)	smūkin (m)	سموكن
uniforme (f)	zayy muwaḥḥad (m)	زي موحّد
tuta (f) da lavoro	θiyāb al 'amal (m)	ثياب العمل
salopette (f)	uvirūl (m)	اوفرول
camice (m) (~ del dottore)	θawb (m)	ثوب

32. Abbigliamento. Biancheria intima

biancheria (f) intima	malābis dāχiliyya (pl)	ملابس داخلِيّة
boxer (m pl)	sirwāl dāχiliy riǧāliy (m)	سروال داخلِي رجالِي
mutandina (f)	sirwāl dāχiliy nisā'iy (m)	سروال داخلِي نسائِي
maglietta (f) intima	qamīṣ bila aqmām (m)	قميص بلا أكمام
calzini (m pl)	ǧawārib (pl)	جوارب

camicia (f) da notte	qamīṣ nawm (m)	قميص نوم
reggiseno (m)	ḥammālat ṣadr (f)	حمّالة صدر
calzini (m pl) alti	ǧawārib ṭawīla (pl)	جوارب طويلة
collant (m)	ǧawārib kulūn (pl)	جوارب كولون
calze (f pl)	ǧawārib nisā'iyya (pl)	جوارب نسائية
costume (m) da bagno	libās sibāḥa (m)	لباس سباحة

33. Copricapo

cappello (m)	qubba'a (f)	قبّعة
cappello (m) di feltro	burnayṭa (f)	برنيطة
cappello (m) da baseball	kāb baysbūl (m)	كاب بيسبول
coppola (f)	qubba'a musaṭṭaḥa (f)	قبّعة مسطحة

basco (m)	birīh (m)	بيريه
cappuccio (m)	ɣiṭā' (m)	غطاء
panama (m)	qubba'at banāma (f)	قبّعة بناما
berretto (m) a maglia	qubbā'a maḥbūka (f)	قبّعة محبوكة

| fazzoletto (m) da capo | 'iǧārb (m) | إيشارب |
| cappellino (m) donna | burnayṭa (f) | برنيطة |

casco (m) (~ di sicurezza)	χūða (f)	خوذة
bustina (f)	kāb (m)	كاب
casco (m) (~ moto)	χūða (f)	خوذة

| bombetta (f) | qubba'at dirbi (f) | قبّعة ديربي |
| cilindro (m) | qubba'a 'āliya (f) | قبّعة عالية |

34. Calzature

calzature (f pl)	aḥðiya (pl)	أحذية
stivaletti (m pl)	ǧazma (f)	جزمة
scarpe (f pl)	ǧazma (f)	جزمة
stivali (m pl)	būt (m)	بوت
pantofole (f pl)	ʃibʃib (m)	شبشب

scarpe (f pl) da tennis	ḥiðā' riyāḍiy (m)	حذاء رياضِي
scarpe (f pl) da ginnastica	kutʃi (m)	كوتشي
sandali (m pl)	ṣandal (pl)	صندل

| calzolaio (m) | iskāfiy (m) | إسكافِي |
| tacco (m) | ka'b (m) | كعب |

paio (m)	zawʒ (m)	زوج
laccio (m)	ʃarīt̞ (m)	شريط
allacciare (vt)	rabat̞	ربط
calzascarpe (m)	labbāsat hiðā' (f)	لبّاسة حذاء
lucido (m) per le scarpe	warnīʃ al hiðā' (m)	ورنيش الحذاء

35. Tessuti. Stoffe

cotone (m)	qut̞n (m)	قطن
di cotone	min al qut̞n	من القطن
lino (m)	kattān (m)	كتّان
di lino	min il kattān	من الكتّان

seta (f)	harīr (m)	حرير
di seta	min al harīr	من الحرير
lana (f)	ṣūf (m)	صوف
di lana	min aṣ ṣūf	من الصوف

velluto (m)	muχmal (m)	مخمل
camoscio (m)	ʒild ʃāmwāh (m)	جلد شامواه
velluto (m) a coste	qut̞n qat̞īfa (f)	قطن قطيفة

nylon (m)	naylūn (m)	نايلون
di nylon	min an naylūn	من النيلون
poliestere (m)	bulyistir (m)	بوليستر
di poliestere	min al bulyastar	من البوليستر

pelle (f)	ʒild (m)	جلد
di pelle	min al ʒild	من الجلد
pelliccia (f)	farw (m)	فرو
di pelliccia	min al farw	من الفرو

36. Accessori personali

guanti (m pl)	quffāz (m)	قفّاز
manopole (f pl)	quffāz muχlaq (m)	قفّاز مغلق
sciarpa (f)	'īʃārb (m)	إيشارب

occhiali (m pl)	nazẓāra (f)	نظّارة
montatura (f)	it̞ār (m)	إطار
ombrello (m)	ʃamsiyya (f)	شمسية
bastone (m)	'aṣa (f)	عصا
spazzola (f) per capelli	furʃat ʃa'r (f)	فرشة شعر
ventaglio (m)	mirwaha yadawiyya (f)	مروحة يدوية

cravatta (f)	karavatta (f)	كرافتة
cravatta (f) a farfalla	babyūn (m)	ببيون
bretelle (f pl)	hammāla (f)	حمّالة
fazzoletto (m)	mandīl (m)	منديل

| pettine (m) | miʃt̞ (m) | مشط |
| fermaglio (m) | dabbūs (m) | دبّوس |

forcina (f)	bansa (m)	بنسة
fibbia (f)	bukla (f)	بكلة
cintura (f)	ḥizām (m)	حزام
spallina (f)	ḥammalat al katf (f)	حمّالة الكتف
borsa (f)	ʃanṭa (f)	شنطة
borsetta (f)	ʃanṭat yad (f)	شنطة يد
zaino (m)	ḥaqībat ẓahr (f)	حقيبة ظهر

37. Abbigliamento. Varie

moda (f)	mūḍa (f)	موضة
di moda	fil mūḍa	في الموضة
stilista (m)	muṣammim azyāʼ (m)	مصمّم أزياء
collo (m)	yāqa (f)	ياقة
tasca (f)	ʒayb (m)	جيب
tascabile (agg)	ʒayb	جيب
manica (f)	kumm (m)	كمّ
asola (f) per appendere	ʻallāqa (f)	علّاقة
patta (f) (~ dei pantaloni)	lisān (m)	لسان
cerniera (f) lampo	zimām munzaliq (m)	زمام منزلق
chiusura (f)	miʃbak (m)	مشبك
bottone (m)	zirr (m)	زرّ
occhiello (m)	ʻurwa (f)	عروة
staccarsi (un bottone)	waqaʻ	وقع
cucire (vi, vt)	χāṭ	خاط
ricamare (vi, vt)	ṭarraz	طرّز
ricamo (m)	taṭrīz (m)	تطريز
ago (m)	ibra (f)	إبرة
filo (m)	χayṭ (m)	خيط
cucitura (f)	darz (m)	درز
sporcarsi (vr)	tawassaχ	توسّخ
macchia (f)	buqʻa (f)	بقعة
sgualcirsi (vr)	takarmaʃ	تكرمش
strappare (vt)	qaṭṭaʻ	قطّع
tarma (f)	ʻuθθa (f)	عثّة

38. Cura della persona. Cosmetici

dentifricio (m)	maʻʒūn asnān (m)	معجون أسنان
spazzolino (m) da denti	furʃat asnān (f)	فرشة أسنان
lavarsi i denti	nazzaf al asnān	نظّف الأسنان
rasoio (m)	mūs ḥilāqa (m)	موس حلاقة
crema (f) da barba	krīm ḥilāqa (m)	كريم حلاقة
rasarsi (vr)	ḥalaq	حلق
sapone (m)	ṣābūn (m)	صابون

shampoo (m)	ʃāmbū (m)	شامبو
forbici (f pl)	maqaṣṣ (m)	مقص
limetta (f)	mibrad (m)	مبرد
tagliaunghie (m)	milqaṭ (m)	ملقط
pinzette (f pl)	milqaṭ (m)	ملقط
cosmetica (f)	mawādd at taʒmīl (pl)	مواد التجميل
maschera (f) di bellezza	mask (m)	ماسك
manicure (m)	manikūr (m)	مانيكور
fare la manicure	ʿamal manikūr	عمل مانيكور
pedicure (m)	badikīr (m)	باديكير
borsa (f) del trucco	ḥaqībat adawāt at taʒmīl (f)	حقيبة أدوات التجميل
cipria (f)	budrat waʒh (f)	بودرة وجه
portacipria (m)	ʿulbat būdra (f)	علبة بودرة
fard (m)	aḥmar xudūd (m)	أحمر خدود
profumo (m)	ʿiṭr (m)	عطر
acqua (f) da toeletta	kulūnya (f)	كولونيا
lozione (f)	lusiyun (m)	لوسيون
acqua (f) di Colonia	kulūniya (f)	كولونيا
ombretto (m)	ay ʃaduw (m)	اي شادو
eyeliner (m)	kuḥl al ʿuyūn (m)	كحل العيون
mascara (m)	maskara (f)	ماسكارا
rossetto (m)	aḥmar ʃifāh (m)	أحمر شفاه
smalto (m)	mulammiʿ al azāfir (m)	ملمّع الاظافر
lacca (f) per capelli	muθabbit aʃ ʃaʿr (m)	مثبّت الشعر
deodorante (m)	muzīl rawāʾiḥ (m)	مزيل روائح
crema (f)	krīm (m)	كريم
crema (f) per il viso	krīm lil waʒh (m)	كريم للوجه
crema (f) per le mani	krīm lil yadayn (m)	كريم لليدين
crema (f) antirughe	krīm muḍādd lit taʒāʿīd (m)	كريم مضادّ للتجاعيد
crema (f) da giorno	krīm an nahār (m)	كريم النهار
crema (f) da notte	krīm al layl (m)	كريم الليل
da giorno	nahāriy	نهاريّ
da notte	layliy	ليلي
tampone (m)	tambūn (m)	تانبون
carta (f) igienica	waraq ḥammām (m)	ورق حمّام
fon (m)	muʒaffif ʃaʿr (m)	مجفف شعر

39. Gioielli

gioielli (m pl)	muʒawharāt (pl)	مجوهرات
prezioso (agg)	karīm	كريم
marchio (m)	damɣa (f)	دمغة
anello (m)	xātim (m)	خاتم
anello (m) nuziale	diblat al xuṭūba (m)	دبلة الخطوبة
braccialetto (m)	siwār (m)	سوار
orecchini (m pl)	ḥalaq (m)	حلق

collana (f)	'aqd (m)	عقد
corona (f)	tāʒ (m)	تاج
perline (f pl)	'aqd χaraz (m)	عقد خرز

diamante (m)	almās (m)	الماس
smeraldo (m)	zumurrud (m)	زمرد
rubino (m)	yāqūt aḥmar (m)	ياقوت أحمر
zaffiro (m)	yāqūt azraq (m)	ياقوت أزرق
perle (f pl)	lu'lu' (m)	لؤلؤ
ambra (f)	kahramān (m)	كهرمان

40. Orologi da polso. Orologio

orologio (m) (~ da polso)	sā'a (f)	ساعة
quadrante (m)	waʒh as sā'a (m)	وجه الساعة
lancetta (f)	'aqrab as sā'a (m)	عقرب الساعة
braccialetto (m)	siwār sā'a ma'daniyya (m)	سوار ساعة معدنية
cinturino (m)	siwār sā'a (m)	سوار ساعة

pila (f)	battāriyya (f)	بطارية
essere scarico	tafarraχ	تفرغ
cambiare la pila	χayyar al battāriyya	غير البطارية
andare avanti	sabaq	سبق
andare indietro	ta'aχχar	تأخر

orologio (m) da muro	sā'at ḥā'iṭ (f)	ساعة حائط
clessidra (f)	sā'a ramliyya (f)	ساعة رملية
orologio (m) solare	sā'a ʃamsiyya (f)	ساعة شمسية
sveglia (f)	munabbih (m)	منبه
orologiaio (m)	sa'ātiy (m)	ساعاتي
riparare (vt)	aṣlaḥ	أصلح

Cibo. Alimentazione

41. Cibo

carne (f)	laḥm (m)	لحم
pollo (m)	daʒāʒ (m)	دجاج
pollo (m) novello	farrūʒ (m)	فروج
anatra (f)	baṭṭa (f)	بطّة
oca (f)	iwazza (f)	إوزة
cacciagione (f)	ṣayd (m)	صيد
tacchino (m)	daʒāʒ rūmiy (m)	دجاج رومي

maiale (m)	laḥm al xinzīr (m)	لحم الخنزير
vitello (m)	laḥm il ʿiʒl (m)	لحم العجل
agnello (m)	laḥm aḍ ḍa'n (m)	لحم الضأن
manzo (m)	laḥm al baqar (m)	لحم البقر
coniglio (m)	arnab (m)	أرنب

salame (m)	suʒuq (m)	سجق
w?rstel (m)	suʒuq (m)	سجق
pancetta (f)	bikūn (m)	بيكون
prosciutto (m)	hām (m)	هام
prosciutto (m) affumicato	faxð xinzīr (m)	فخذ خنزير

pâté (m)	ma'ʒūn laḥm (m)	معجون لحم
fegato (m)	kibda (f)	كبدة
carne (f) trita	haʃwa (f)	حشوة
lingua (f)	lisān (m)	لسان

uovo (m)	bayḍa (f)	بيضة
uova (f pl)	bayḍ (m)	بيض
albume (m)	bayāḍ al bayḍ (m)	بياض البيض
tuorlo (m)	ṣafār al bayḍ (m)	صفار البيض

pesce (m)	samak (m)	سمك
frutti (m pl) di mare	fawākih al baḥr (pl)	فواكه البحر
caviale (m)	kaviyār (m)	كافيار

granchio (m)	salṭa'ūn (m)	سلطعون
gamberetto (m)	ʒambari (m)	جمبري
ostrica (f)	maḥār (m)	محار
aragosta (f)	karkand ʃaik (m)	كركند شائك
polpo (m)	uxtubūṭ (m)	أخطبوط
calamaro (m)	kalmāri (m)	كالماري

storione (m)	samak al ḥaʃʃ (m)	سمك الحفش
salmone (m)	salmūn (m)	سلمون
ippoglosso (m)	samak al halbūt (m)	سمك الهلبوت
merluzzo (m)	samak al qudd (m)	سمك القدّ
scombro (m)	usqumriy (m)	أسقمريّ

tonno (m)	tūna (f)	تونة
anguilla (f)	hankalīs (m)	حنكليس
trota (f)	salmūn muraqqaṭ (m)	سلمون مرقط
sardina (f)	sardīn (m)	سردين
luccio (m)	samak al karāki (m)	سمك الكراكي
aringa (f)	rinʒa (f)	رنجة
pane (m)	xubz (m)	خبز
formaggio (m)	ʒubna (f)	جبنة
zucchero (m)	sukkar (m)	سكّر
sale (m)	milḥ (m)	ملح
riso (m)	urz (m)	أرز
pasta (f)	makarūna (f)	مكرونة
tagliatelle (f pl)	nūdlis (f)	نودلز
burro (m)	zubda (f)	زبدة
olio (m) vegetale	zayt (m)	زيت
olio (m) di girasole	zayt ʿabīd aʃ ʃams (m)	زيت عبيد الشمس
margarina (f)	marɣarīn (m)	مرغرين
olive (f pl)	zaytūn (m)	زيتون
olio (m) d'oliva	zayt az zaytūn (m)	زيت الزيتون
latte (m)	ḥalīb (m)	حليب
latte (m) condensato	ḥalīb mukaθθaf (m)	حليب مكثف
yogurt (m)	yūɣurt (m)	يوغورت
panna (f) acida	krīma ḥāmiḍa (f)	كريمة حامضة
panna (f)	krīma (f)	كريمة
maionese (m)	mayunīz (m)	مايونيز
crema (f)	krīmat zubda (f)	كريمة زبدة
cereali (m pl)	ḥubūb (pl)	حبوب
farina (f)	daqīq (m)	دقيق
cibi (m pl) in scatola	muʿallabāt (pl)	معلبات
fiocchi (m pl) di mais	kurn fliks (m)	كورن فليكس
miele (m)	ʿasal (m)	عسل
marmellata (f)	murabba (m)	مربى
gomma (f) da masticare	ʿilk (m)	علك

42. Bevande

acqua (f)	mā' (m)	ماء
acqua (f) potabile	mā' ʃurb (m)	ماء شرب
acqua (f) minerale	mā' maʿdaniy (m)	ماء معدني
liscia (non gassata)	bi dūn ɣāz	بدون غاز
gassata (agg)	mukarban	مكربن
frizzante (agg)	bil ɣāz	بالغاز
ghiaccio (m)	θalʒ (m)	ثلج
con ghiaccio	biθ θalʒ	بالثلج

analcolico (agg)	bi dūn kuḥūl	بدون كحول
bevanda (f) analcolica	maʃrūb ɣāziy (m)	مشروب غازي
bibita (f)	maʃrūb muθallaʒ (m)	مشروب مثلج
limonata (f)	ʃarāb laymūn (m)	شراب ليمون
bevande (f pl) alcoliche	maʃrūbāt kuḥūliyya (pl)	مشروبات كحوليّة
vino (m)	nabīð (f)	نبيذ
vino (m) bianco	nibīð abyaḍ (m)	نبيذ أبيض
vino (m) rosso	nabīð aḥmar (m)	نبيذ أحمر
liquore (m)	liqiūr (m)	ليكيور
champagne (m)	ʃambāniya (f)	شمبانيا
vermouth (m)	virmut (m)	فيرموث
whisky	wiski (m)	وسكي
vodka (f)	vudka (f)	فودكا
gin (m)	ʒīn (m)	جين
cognac (m)	kunyāk (m)	كونياك
rum (m)	rum (m)	رم
caffè (m)	qahwa (f)	قهوة
caffè (m) nero	qahwa sāda (f)	قهوة سادة
caffè latte (m)	qahwa bil ḥalīb (f)	قهوة بالحليب
cappuccino (m)	kaputʃīnu (m)	كابتشينو
caffè (m) solubile	niskafi (m)	نيسكافيه
latte (m)	ḥalīb (m)	حليب
cocktail (m)	kuktayl (m)	كوكتيل
frullato (m)	milk ʃiyk (m)	ميلك شيك
succo (m)	'aṣīr (m)	عصير
succo (m) di pomodoro	'aṣīr ṭamāṭim (m)	عصير طماطم
succo (m) d'arancia	'aṣīr burtuqāl (m)	عصير برتقال
spremuta (f)	'aṣīr ṭāziʒ (m)	عصير طازج
birra (f)	bīra (f)	بيرة
birra (f) chiara	bīra xafīfa (f)	بيرة خفيفة
birra (f) scura	bīra ɣāmiqa (f)	بيرة غامقة
tè (m)	ʃāy (m)	شاي
tè (m) nero	ʃāy aswad (m)	شاي أسود
tè (m) verde	ʃāy axḍar (m)	شاي أخضر

43. Verdure

ortaggi (m pl)	xuḍār (pl)	خضار
verdura (f)	xuḍrawāt waraqiyya (pl)	خضروات ورقيّة
pomodoro (m)	ṭamāṭim (f)	طماطم
cetriolo (m)	xiyār (m)	خيار
carota (f)	ʒazar (m)	جزر
patata (f)	baṭāṭis (f)	بطاطس
cipolla (f)	baṣal (m)	بصل
aglio (m)	θūm (m)	ثوم

cavolo (m)	kurumb (m)	كرنب
cavolfiore (m)	qarnabīṭ (m)	قرنبيط
cavoletti (m pl) di Bruxelles	kurumb brūksil (m)	كرنب بروكسل
broccolo (m)	brukuli (m)	بركولي

barbabietola (f)	banʒar (m)	بنجر
melanzana (f)	bātinʒān (m)	باذنجان
zucchina (f)	kūsa (f)	كوسة
zucca (f)	qarʿ (m)	قرع
rapa (f)	lift (m)	لفت

prezzemolo (m)	baqdūnis (m)	بقدونس
aneto (m)	ʃabat (m)	شبت
lattuga (f)	xass (m)	خسّ
sedano (m)	karafs (m)	كرفس
asparago (m)	halyūn (m)	هليون
spinaci (m pl)	sabānix (m)	سبانخ

pisello (m)	bisilla (f)	بسلة
fave (f pl)	fūl (m)	فول
mais (m)	ðura (f)	ذرة
fagiolo (m)	faṣūliya (f)	فاصوليا

peperone (m)	filfil (m)	فلفل
ravanello (m)	fiʒl (m)	فجل
carciofo (m)	xurʃūf (m)	خرشوف

44. Frutta. Noci

frutto (m)	fākiha (f)	فاكهة
mela (f)	tuffāḥa (f)	تفّاحة
pera (f)	kummaθra (f)	كمّثرى
limone (m)	laymūn (m)	ليمون
arancia (f)	burtuqāl (m)	برتقال
fragola (f)	farawla (f)	فراولة

mandarino (m)	yūsufiy (m)	يوسفي
prugna (f)	barqūq (m)	برقوق
pesca (f)	durrāq (m)	دراق
albicocca (f)	miʃmiʃ (f)	مشمش
lampone (m)	tūt al ʿullayq al aḥmar (m)	توت العليق الأحمر
ananas (m)	ananās (m)	أناناس

banana (f)	mawz (m)	موز
anguria (f)	baṭṭīx aḥmar (m)	بطّيخ أحمر
uva (f)	ʿinab (m)	عنب
amarena (f), ciliegia (f)	karaz (m)	كرز
melone (m)	baṭṭīx aṣfar (f)	بطّيخ أصفر

pompelmo (m)	zinbāʿ (m)	زنباع
avocado (m)	avukādu (f)	افوكاتو
papaia (f)	babāya (m)	بابايا
mango (m)	mangu (m)	مانجو
melagrana (f)	rummān (m)	رمان

ribes (m) rosso	kiʃmiʃ aḥmar (m)	كشمش أحمر
ribes (m) nero	'inab aθ θa'lab al aswad (m)	عنب الثعلب الأسود
uva (f) spina	'inab aθ θa'lab (m)	عنب الثعلب
mirtillo (m)	'inab al aḥrāჳ (m)	عنب الأحراج
mora (f)	θamar al 'ullayk (m)	ثمر العليَق

uvetta (f)	zabīb (m)	زبيب
fico (m)	tīn (m)	تين
dattero (m)	tamr (m)	تمر

arachide (f)	fūl sudāniy (m)	فول سودانيَ
mandorla (f)	lawz (m)	لوز
noce (f)	'ayn al ჳamal (f)	عين الجمل
nocciola (f)	bunduq (m)	بندق
noce (f) di cocco	ჳawz al hind (m)	جوز هند
pistacchi (m pl)	fustuq (m)	فستق

45. Pane. Dolci

pasticceria (f)	ḥalawiyyāt (pl)	حلويَات
pane (m)	χubz (m)	خبز
biscotti (m pl)	baskawīt (m)	بسكويت

cioccolato (m)	ʃukulāta (f)	شكولاتة
al cioccolato (agg)	biʃ ʃukulāta	بالشكولاتة
caramella (f)	bumbūn (m)	بونبون
tortina (f)	ka'k (m)	كعك
torta (f)	tūrta (f)	تورتة

crostata (f)	fatīra (f)	فطيرة
ripieno (m)	ḥaʃwa (f)	حشوة

marmellata (f)	murabba (m)	مربَى
marmellata (f) di agrumi	marmalād (f)	مرملاد
wafer (m)	wāfil (m)	وافل
gelato (m)	muθallaჳāt (pl)	مثلَجات
budino (m)	būding (m)	بودنج

46. Pietanze cucinate

piatto (m) (~ principale)	waჳba (f)	وجبة
cucina (f)	maṭbaχ (m)	مطبخ
ricetta (f)	waṣfa (f)	وصفة
porzione (f)	waჳba (f)	وجبة

insalata (f)	sulṭa (f)	سلطة
minestra (f)	ʃūrba (f)	شوربة

brodo (m)	maraq (m)	مرق
panino (m)	sandawitʃ (m)	ساندويتش
uova (f pl) al tegamino	bayḍ maqliy (m)	بيض مقليَ
hamburger (m)	hamburger (m)	هامبورجر

bistecca (f)	biftīk (m)	بفتيك
contorno (m)	ṭabaq ӡānibiy (m)	طبق جانبيّ
spaghetti (m pl)	spaɣitti (m)	سباغيتي
purè (m) di patate	harīs baṭāṭis (m)	هريس بطاطس
pizza (f)	bītza (f)	بيتزا
porridge (m)	ʿaṣīda (f)	عصيدة
frittata (f)	bayḍ maxfūq (m)	بيض مخفوق

bollito (agg)	maslūq	مسلوق
affumicato (agg)	mudaxxin	مدخن
fritto (agg)	maqliy	مقليّ
secco (agg)	muӡaffaf	مجفف
congelato (agg)	muӡammad	مجمد
sottoaceto (agg)	muxallil	مخلل

dolce (gusto)	musakkar	مسكّر
salato (agg)	māliḥ	مالح
freddo (agg)	bārid	بارد
caldo (agg)	sāxin	ساخن
amaro (agg)	murr	مرّ
buono, gustoso (agg)	laðīð	لذيذ

cuocere, preparare (vt)	ṭabax	طبخ
cucinare (vi)	ḥaḍḍar	حضّر
friggere (vt)	qala	قلي
riscaldare (vt)	saxxan	سخّن

salare (vt)	mallaḥ	ملّح
pepare (vt)	falfal	فلفل
grattugiare (vt)	baʃar	بشر
buccia (f)	qiʃra (f)	قشرة
sbucciare (vt)	qaʃʃar	قشّر

47. Spezie

sale (m)	milḥ (m)	ملح
salato (agg)	māliḥ	مالح
salare (vt)	mallaḥ	ملّح

pepe (m) nero	filfil aswad (m)	فلفل أسود
peperoncino (m)	filfil aḥmar (m)	فلفل أحمر
senape (f)	ṣalṣat al xardal (f)	صلصة الخردل
cren (m)	fiӡl ḥārr (m)	فجل حارّ

condimento (m)	tābil (m)	تابل
spezie (f pl)	bahār (m)	بهار
salsa (f)	ṣalṣa (f)	صلصة
aceto (m)	xall (m)	خلّ

anice (m)	yānsūn (m)	يانسون
basilico (m)	rīḥān (m)	ريحان
chiodi (m pl) di garofano	qurumful (m)	قرنفل
zenzero (m)	zanӡabīl (m)	زنجبيل
coriandolo (m)	kuzbara (f)	كزبرة

cannella (f)	qirfa (f)	قرفة
sesamo (m)	simsim (m)	سمسم
alloro (m)	awrāq al ɣār (pl)	أوراق الغار
paprica (f)	babrika (f)	بابريكا
cumino (m)	karāwiya (f)	كراوية
zafferano (m)	za'farān (m)	زعفران

48. Pasti

| cibo (m) | akl (m) | أكل |
| mangiare (vi, vt) | akal | أكل |

colazione (f)	futūr (m)	فطور
fare colazione	aftar	أفطر
pranzo (m)	ɣadā' (m)	غداء
pranzare (vi)	taɣadda	تغدّى
cena (f)	'aʃā' (m)	عشاء
cenare (vi)	ta'aʃʃa	تعشّى

| appetito (m) | ʃahiyya (f) | شهيّة |
| Buon appetito! | hanī'an marī'an! | هنيئًا مريئًا! |

aprire (vt)	fataḥ	فتح
rovesciare (~ il vino, ecc.)	dalaq	دلق
rovesciarsi (vr)	indalaq	إندلق
bollire (vi)	ɣala	غلى
far bollire	ɣala	غلى
bollito (agg)	maɣliy	مغليّ
raffreddare (vt)	barrad	برّد
raffreddarsi (vr)	tabarrad	تبرّد

| gusto (m) | ṭa'm (m) | طعم |
| retrogusto (m) | al maðāq al 'āliq fil fam (m) | المذاق العالق فى الفم |

essere a dieta	faqad al wazn	فقد الوزن
dieta (f)	ḥimya ɣaðā'iyya (f)	حمية غذائية
vitamina (f)	vitamīn (m)	فيتامين
caloria (f)	su'ra ḥarāriyya (f)	سعرة حراريّة
vegetariano (m)	nabātiy (m)	نباتيّ
vegetariano (agg)	nabātiy	نباتيّ

grassi (m pl)	duhūn (pl)	دهون
proteine (f pl)	brutināt (pl)	بروتينات
carboidrati (m pl)	naʃawiyyāt (pl)	نشويّات
fetta (f), fettina (f)	ʃarīḥa (f)	شريحة
pezzo (m) (~ di torta)	qiṭ'a (f)	قطعة
briciola (f) (~ di pane)	futāta (f)	فتاتة

49. Preparazione della tavola

| cucchiaio (m) | mil'aqa (f) | ملعقة |
| coltello (m) | sikkīn (m) | سكّين |

forchetta (f)	ʃawka (f)	شوكة
tazza (f)	finӡān (m)	فنجان
piatto (m)	ṭabaq (m)	طبق
piattino (m)	ṭabaq finӡān (m)	طبق فنجان
tovagliolo (m)	mandīl (m)	منديل
stuzzicadenti (m)	χallat asnān (f)	خلة أسنان

50. Ristorante

ristorante (m)	maṭ'am (m)	مطعم
caffè (m)	kafé (m), maqha (m)	كافيه, مقهى
pub (m), bar (m)	bār (m)	بار
sala (f) da tè	ṣālun ʃāy (m)	صالون شاي

cameriere (m)	nādil (m)	نادل
cameriera (f)	nādila (f)	نادلة
barista (m)	bārman (m)	بارمان

menù (m)	qā'imat aṭ ṭa'ām (f)	قائمة طعام
lista (f) dei vini	qā'imat al χumūr (f)	قائمة خمور
prenotare un tavolo	haӡaz mā'ida	حجز مائدة

piatto (m)	waӡba (f)	وجبة
ordinare (~ il pranzo)	ṭalab	طلب
fare un'ordinazione	ṭalab	طلب

aperitivo (m)	ʃarāb (m)	شراب
antipasto (m)	muqabbilāt (pl)	مقبّلات
dolce (m)	halawiyyāt (pl)	حلويّات

conto (m)	hisāb (m)	حساب
pagare il conto	dafa' al hisāb	دفع الحساب
dare il resto	a'ṭa al bāqi	أعطى الباقي
mancia (f)	baqʃīʃ (m)	بقشيش

Famiglia, parenti e amici

51. Informazioni personali. Moduli

nome (m)	ism (m)	إسم
cognome (m)	ism al 'ā'ila (m)	إسم العائلة
data (f) di nascita	tarīχ al mīlād (m)	تاريخ الميلاد
luogo (m) di nascita	makān al mīlād (m)	مكان الميلاد
nazionalità (f)	ʒinsiyya (f)	جنسية
domicilio (m)	maqarr al iqāma (m)	مقر الإقامة
paese (m)	balad (m)	بلد
professione (f)	mihna (f)	مهنة
sesso (m)	ʒins (m)	جنس
statura (f)	ṭūl (m)	طول
peso (m)	wazn (m)	وذن

52. Membri della famiglia. Parenti

madre (f)	umm (f)	أُم
padre (m)	ab (m)	أب
figlio (m)	ibn (m)	إبن
figlia (f)	ibna (f)	إبنة
figlia (f) minore	al ibna aṣ ṣaɣīra (f)	الإبنة الصغيرة
figlio (m) minore	al ibn aṣ ṣaɣīr (m)	الابن الصغير
figlia (f) maggiore	al ibna al kabīra (f)	الإبنة الكبيرة
figlio (m) maggiore	al ibn al kabīr (m)	الإبن الكبير
fratello (m)	aχ (m)	أخ
fratello (m) maggiore	al aχ al kabīr (m)	الأخ الكبير
fratello (m) minore	al aχ aṣ ṣaɣīr (m)	الأخ الصغير
sorella (f)	uχt (f)	أخت
sorella (f) maggiore	al uχt al kabīra (f)	الأخت الكبيرة
sorella (f) minore	al uχt aṣ ṣaɣīra (f)	الأخت الصغيرة
cugino (m)	ibn 'amm (m), ibn χāl (m)	إبن عمّ، إبن خال
cugina (f)	ibnat 'amm (f), ibnat χāl (f)	إبنة عم، إبنة خال
mamma (f)	mama (f)	ماما
papà (m)	baba (m)	بابا
genitori (m pl)	wālidān (du)	والدان
bambino (m)	ṭifl (m)	طفل
bambini (m pl)	aṭfāl (pl)	أطفال
nonna (f)	ʒidda (f)	جدّة
nonno (m)	ʒadd (m)	جدّ
nipote (m) (figlio di un figlio)	ḥafīd (m)	حفيد

nipote (f)	ḥafīda (f)	حفيدة
nipoti (pl)	aḥfād (pl)	أحفاد

zio (m)	ʿamm (m), χāl (m)	عمّ, خال
zia (f)	ʿamma (f), χāla (f)	عمّة, خالة
nipote (m) (figlio di un fratello)	ibn al aχ (m), ibn al uχt (m)	إبن الأخ, إبن الأخت
nipote (f)	ibnat al aχ (f), ibnat al uχt (f)	إبنة الأخ, إبنة الأخت
suocera (f)	ḥamātt (f)	حماة
suocero (m)	ḥamm (m)	حم
genero (m)	zawʒ al ibna (m)	زوج الأبنة
matrigna (f)	zawʒat al ab (f)	زوجة الأب
patrigno (m)	zawʒ al umm (m)	زوج الأمّ

neonato (m)	ṭifl raḍīʿ (m)	طفل رضيع
infante (m)	mawlūd (m)	مولود
bimbo (m), ragazzino (m)	walad ṣaɣīr (m)	ولد صغير

moglie (f)	zawʒa (f)	زوجة
marito (m)	zawʒ (m)	زوج
coniuge (m)	zawʒ (m)	زوج
coniuge (f)	zawʒa (f)	زوجة

sposato (agg)	mutazawwiʒ	متزوّج
sposata (agg)	mutazawwiʒa	متزوجة
celibe (agg)	aʿzab	أعزب
scapolo (m)	aʿzab (m)	أعزب
divorziato (agg)	muṭallaq (m)	مطلق
vedova (f)	armala (f)	أرملة
vedovo (m)	armal (m)	أرمل

parente (m)	qarīb (m)	قريب
parente (m) stretto	nasīb qarīb (m)	نسيب قريب
parente (m) lontano	nasīb baʿīd (m)	نسيب بعيد
parenti (m pl)	aqārib (pl)	أقارب

orfano (m), orfana (f)	yatīm (m)	يتيم
tutore (m)	waliyy amr (m)	ولي أمر
adottare (~ un bambino)	tabanna	تبنّى
adottare (~ una bambina)	tabanna	تبنّى

53. Amici. Colleghi

amico (m)	ṣadīq (m)	صديق
amica (f)	ṣadīqa (f)	صديقة
amicizia (f)	ṣadāqa (f)	صداقة
essere amici	ṣādaq	صادق

amico (m) (inform.)	ṣāḥib (m)	صاحب
amica (f) (inform.)	ṣaḥiba (f)	صاحبة
partner (m)	rafīq (m)	رفيق

capo (m)	raʾīs (m)	رئيس
capo (m), superiore (m)	raʾīs (m)	رئيس
proprietario (m)	ṣāḥib (m)	صاحب

subordinato (m)	tābiʻ (m)	تابع
collega (m)	zamīl (m)	زميل

conoscente (m)	maʻruf (m)	معروف
compagno (m) di viaggio	rafiq safar (m)	رفيق سفر
compagno (m) di classe	zamīl fiṣ ṣaff (m)	زميل في الصفّ

vicino (m)	ʒār (m)	جار
vicina (f)	ʒāra (f)	جارة
vicini (m pl)	ʒirān (pl)	جيران

54. Uomo. Donna

donna (f)	imra'a (f)	إمرأة
ragazza (f)	fatāt (f)	فتاة
sposa (f)	ʻarūsa (f)	عروسة

bella (agg)	ʒamīla	جميلة
alta (agg)	ṭawīla	طويلة
snella (agg)	raʃīqa	رشيقة
bassa (agg)	qaṣīra	قصيرة

bionda (f)	ʃaqrā' (f)	شقراء
bruna (f)	sawdā' aʃ ʃaʻr (f)	سوداء الشعر

da donna (agg)	sayyidāt	سيّدات
vergine (f)	ʻaðrā' (f)	عذراء
incinta (agg)	ḥāmil	حامل

uomo (m) (adulto maschio)	raʒul (m)	رجل
biondo (m)	aʃqar (m)	أشقر
bruno (m)	aswad aʃ ʃaʻr (m)	أسود الشعر
alto (agg)	ṭawīl	طويل
basso (agg)	qaṣīr	قصير

sgarbato (agg)	waqiḥ	وقح
tozzo (agg)	malyān	مليان
robusto (agg)	matīn	متين
forte (agg)	qawiy	قويّ
forza (f)	quwwa (f)	قوّة

grasso (agg)	θaχīn	ثخين
bruno (agg)	asmar	أسمر
snello (agg)	raʃīq	رشيق
elegante (agg)	anīq	أنيق

55. Età

età (f)	ʻumr (m)	عمر
giovinezza (f)	ʃabāb (m)	شباب
giovane (agg)	ʃābb	شابّ
più giovane (agg)	aṣɣar	أصغر

più vecchio (agg)	akbar	أكبر
giovane (m)	ʃābb (m)	شاب
adolescente (m, f)	murāhiq (m)	مراهق
ragazzo (m)	ʃābb (m)	شاب

| vecchio (m) | ʿaʒūz (m) | عجوز |
| vecchia (f) | ʿaʒūza (f) | عجوزة |

adulto (m)	bāliɣ (m)	بالغ
di mezza età	fi muntaṣaf al ʿumr	في منتصف العمر
anziano (agg)	ʿaʒūz	عجوز
vecchio (agg)	ʿaʒūz	عجوز

pensionamento (m)	maʿāʃ (m)	معاش
andare in pensione	uḥīl ʿalal maʿāʃ	أحيل على المعاش
pensionato (m)	mutaqāʿid (m)	متقاعد

56. Bambini

bambino (m), bambina (f)	ṭifl (m)	طفل
bambini (m pl)	aṭfāl (pl)	أطفال
gemelli (m pl)	tawʾamān (du)	توأمان

culla (f)	mahd (m)	مهد
sonaglio (m)	xaʃxīʃa (f)	خشخيشة
pannolino (m)	ḥifāẓ aṭfāl (m)	حفاظ أطفال

tettarella (f)	bazzāza (f)	بزّازة
carrozzina (f)	ʿarabat aṭfāl (f)	عربة أطفال
scuola (f) materna	rawḍat aṭfāl (f)	روضة أطفال
baby-sitter (f)	murabbiyat aṭfāl (f)	مربّية الأطفال

| infanzia (f) | ṭufūla (f) | طفولة |
| bambola (f) | dumya (f) | دمية |

| giocattolo (m) | luʿba (f) | لعبة |
| gioco (m) di costruzione | mukaʿʿabāt (pl) | مكعّبات |

educato (agg)	muʾaddab	مؤدّب
maleducato (agg)	qalīl al adab	قليل الأدب
viziato (agg)	mutdalliʿ	متدلّع

| essere disubbidiente | laʿib | لعب |
| birichino (agg) | laʿūb | لعوب |

| birichinata (f) | izʿāʒ (m) | إزعاج |
| bambino (m) birichino | ṭifl laʿūb (m) | طفل لعوب |

| ubbidiente (agg) | muṭīʿ | مطيع |
| disubbidiente (agg) | ʿāq | عاقّ |

docile (agg)	ʿāqil	عاقل
intelligente (agg)	ðakiy	ذكيّ
bambino (m) prodigio	ṭifl muʿʒiza (m)	طفل معجزة

57. Coppie sposate. Vita di famiglia

baciare (vt)	bās	باس
baciarsi (vr)	bās	باس
famiglia (f)	'ā'ila (f)	عائلة
familiare (agg)	'ā'iliy	عائليّ
coppia (f)	zawʒān (du)	زوجان
matrimonio (m)	zawāʒ (m)	زواج
focolare (m) domestico	bayt (m)	بيت
dinastia (f)	sulāla (f)	سلالة
appuntamento (m)	maw'id (m)	موعد
bacio (m)	būsa (f)	بوسة
amore (m)	ḥubb (m)	حبّ
amare (qn)	aḥabb	أحبّ
amato (agg)	ḥabīb	حبيب
tenerezza (f)	ḥanān (m)	حنان
dolce, tenero (agg)	ḥanūn	حنون
fedeltà (f)	iχlāṣ (m)	إخلاص
fedele (agg)	muχliṣ	مخلص
premura (f)	'ināya (f)	عناية
premuroso (agg)	muhtamm	مهتمّ
sposi (m pl) novelli	'arūsān (du)	عروسان
luna (f) di miele	ʃahr al 'asal (m)	شهر العسل
sposarsi (per una donna)	tazawwaʒ	تزوّج
sposarsi (per un uomo)	tazawwaʒ	تزوّج
nozze (f pl)	zifāf (m)	زفاف
nozze (f pl) d'oro	al yubīl að ðahabiy liz zawāʒ (m)	اليوبيل الذهبي للزواج
anniversario (m)	ðikra sanawiyya (f)	ذكرى سنويّة
amante (m)	ḥabīb (m)	حبيب
amante (f)	ḥabība (f)	حبيبة
adulterio (m)	χiyāna zawʒiyya (f)	خيانة زوجية
tradire (commettere adulterio)	χān	خان
geloso (agg)	ɣayūr	غيور
essere geloso	ɣār	غار
divorzio (m)	ṭalāq (m)	طلاق
divorziare (vi)	ṭallaq	طلّق
litigare (vi)	taʃāʒar	تشاجر
fare pace	taṣālaḥ	تصالح
insieme	ma'an	معًا
sesso (m)	ʒins (m)	جنس
felicità (f)	sa'āda (f)	سعادة
felice (agg)	sa'īd	سعيد
disgrazia (f)	muṣība (m)	مصيبة
infelice (agg)	ta'is	تعس

Personalità. Sentimenti. Emozioni

58. Sentimenti. Emozioni

sentimento (m)	ʃuʿūr (m)	شعور
sentimenti (m pl)	maʃāʿir (pl)	مشاعر
sentire (vt)	ʃaʿar	شعر

fame (f)	ʒawʿ (m)	جوع
avere fame	arād an ya'kul	أراد أن يأكل
sete (f)	ʿataʃ (m)	عطش
avere sete	arād an yaʃrab	أراد أن يشرب
sonnolenza (f)	nuʿās (m)	نعاس
avere sonno	arād an yanām	أراد أن ينام

stanchezza (f)	taʿab (m)	تعب
stanco (agg)	taʿbān	تعبان
stancarsi (vr)	taʿib	تعب

umore (m) (buon ~)	ḥāla nafsiyya, mazāʒ (m)	حالة نفسيّة, مزاج
noia (f)	malal (m)	ملل
annoiarsi (vr)	ʃaʿar bil malal	شعر بالملل
isolamento (f)	ʿuzla (f)	عزلة
isolarsi (vr)	inzawa	إنزوى

preoccupare (vt)	aqlaq	أقلق
essere preoccupato	qalaq	قلق
agitazione (f)	qalaq (m)	قلق
preoccupazione (f)	qalaq (m)	قلق
preoccupato (agg)	maʃɣūl al bāl	مشغول البال
essere nervoso	qalaq	قلق
andare in panico	uṣīb bið ðaʿr	أصيب بالذعر

speranza (f)	amal (m)	أمل
sperare (vi, vt)	tamanna	تمنّى

certezza (f)	yaqīn (m)	يقين
sicuro (agg)	muta'akkid	متأكّد
incertezza (f)	ʿadam at taʾakkud (m)	عدم التأكّد
incerto (agg)	ɣayr muta'akkid	غير متأكّد

ubriaco (agg)	sakrān	سكران
sobrio (agg)	ṣāḥi	صاح
debole (agg)	daʿīf	ضعيف
fortunato (agg)	saʿīd	سعيد
spaventare (vt)	arhab	أرهب
furia (f)	ɣaḍab ʃadīd (m)	غضب شديد
rabbia (f)	ɣaḍab (m)	غضب
depressione (f)	ikti'āb (m)	إكتئاب
disagio (m)	ʿadam irtiyāḥ (m)	عدم إرتياح

conforto (m)	rāḥa (f)	راحة
rincrescere (vi)	nadim	ندم
rincrescimento (m)	nadam (m)	ندم
sfortuna (f)	sū' al ḥazz (m)	سوء الحظ
tristezza (f)	ḥuzn (f)	حزن

vergogna (f)	χaӡal (m)	خجل
allegria (f)	faraḥ (m)	فرح
entusiasmo (m)	ḥamās (m)	حماس
entusiasta (m)	mutaḥammis (m)	متحمّس
mostrare entusiasmo	taḥammas	تحمّس

59. Personalità. Carattere

carattere (m)	ṭab' (m)	طبع
difetto (m)	'ayb (m)	عيب
mente (f), intelletto (m)	'aql (m)	عقل

coscienza (f)	ḍamīr (m)	ضمير
abitudine (f)	'āda (f)	عادة
capacità (f)	qudra (f)	قدرة
sapere (~ nuotare)	'araf	عرف

paziente (agg)	ṣābir	صابر
impaziente (agg)	qalīl aṣ ṣabr	قليل الصبر
curioso (agg)	fuḍūliy	فضوليّ
curiosità (f)	fuḍūl (m)	فضول

modestia (f)	tawāḍu' (m)	تواضع
modesto (agg)	mutawāḍi'	متواضع
immodesto (agg)	ɣayr mutawāḍi'	غير متواضع

pigrizia (f)	kasal (m)	كسل
pigro (agg)	kaslān	كسلان
poltrone (m)	kaslān (m)	كسلان

furberia (f)	makr (m)	مكر
furbo (agg)	mākir	ماكر
diffidenza (f)	'adam aθ θiqa (m)	عدم الثقة
diffidente (agg)	ʃakūk	شكوك

generosità (f)	karam (m)	كرم
generoso (agg)	karīm	كريم
di talento	mawhūb	موهوب
talento (m)	mawhiba (f)	موهبة

coraggioso (agg)	ʃuӡā'	شجاع
coraggio (m)	ʃaӡā'a (f)	شجاعة
onesto (agg)	amīn	أمين
onestà (f)	amāna (f)	أمانة

prudente (agg)	ḥāðir	حاذر
valoroso (agg)	ʃuӡā'	شجاع
serio (agg)	ӡādd	جادّ

severo (agg)	ṣārim	صارم
deciso (agg)	ḥazīm	حزيم
indeciso (agg)	mutaraddid	متردد
timido (agg)	χaʒūl	خجول
timidezza (f)	χaʒal (m)	خجل

fiducia (f)	θiqa (f)	ثقة
fidarsi (vr)	waθiq	وثق
fiducioso (agg)	sarī' at taṣdīq	سريع التصديق

sinceramente	bi ṣarāḥa	بصراحة
sincero (agg)	muχliṣ	مخلص
sincerità (f)	iχlāṣ (m)	إخلاص
aperto (agg)	ṣarīḥ	صريح

tranquillo (agg)	hādi'	هادئ
sincero (agg)	ṣarīḥ	صريح
ingenuo (agg)	sāðiʒ	ساذج
distratto (agg)	ʃārid al fikr	شارد الفكر
buffo (agg)	muḍḥik	مضحك

avidità (f)	buχl (m)	بخل
avido (agg)	baχīl	بخيل
avaro (agg)	baχīl	بخيل
cattivo (agg)	ʃarīr	شرير
testardo (agg)	'anīd	عنيد
antipatico (agg)	karīh	كريه

egoista (m)	anāniy (m)	أنانيّ
egoistico (agg)	anāniy	أنانيّ
codardo (m)	ʒabān (m)	جبان
codardo (agg)	ʒabān	جبان

60. Dormire. Sogni

dormire (vi)	nām	نام
sonno (m) (stato di sonno)	nawm (m)	نوم
sogno (m)	ḥulm (m)	حلم
sognare (fare sogni)	ḥalam	حلم
sonnolento (agg)	na'sān	نعسان

letto (m)	sarīr (m)	سرير
materasso (m)	martaba (f)	مرتبة
coperta (f)	baṭṭāniyya (f)	بطّانيّة
cuscino (m)	wisāda (f)	وسادة
lenzuolo (m)	milāya (f)	ملاية

insonnia (f)	araq (m)	أرق
insonne (agg)	ariq	أرق
sonnifero (m)	munawwim (m)	منوّم
prendere il sonnifero	tanāwal munawwim	تناول منوّمًا

| avere sonno | arād an yanām | أراد أن ينام |
| sbadigliare (vi) | taθā'ab | تثاءب |

andare a letto	ðahab ila n nawm	ذهب إلى النوم
fare il letto	a'add as sarīr	أعدّ السرير
addormentarsi (vr)	nām	نام

incubo (m)	kābūs (m)	كابوس
russare (m)	ʃaxīr (m)	شخير
russare (vi)	ʃaxxar	شخر

sveglia (f)	munabbih (m)	منبّه
svegliare (vt)	ayqaẓ	أيقظ
svegliarsi (vr)	istayqaẓ	إستيقظ
alzarsi (vr)	qām	قام
lavarsi (vr)	ɣasal waʒhah	غسل وجهه

61. Umorismo. Risata. Felicità

umorismo (m)	fukāha (f)	فكاهة
senso (m) dello humour	ḥiss (m)	حس
divertirsi (vr)	istamta'	إستمتع
allegro (agg)	farḥān	فرحان
allegria (f)	faraḥ (m)	فرح

sorriso (m)	ibtisāma (f)	إبتسامة
sorridere (vi)	ibtasam	إبتسم
mettersi a ridere	ḍaḥik	ضحك
ridere (vi)	ḍaḥik	ضحك
riso (m)	ḍaḥka (f)	ضحكة

aneddoto (m)	ḥikāya muḍḥika (f)	حكاية مضحكة
divertente (agg)	muḍḥik	مضحك
ridicolo (agg)	muḍḥik	مضحك

scherzare (vi)	mazaḥ	مزح
scherzo (m)	nukta (f)	نكتة
gioia (f) (fare salti di ~)	sa'āda (f)	سعادة
rallegrarsi (vr)	mariḥ	مرح
allegro (agg)	sa'īd	سعيد

62. Discussione. Conversazione. Parte 1

comunicazione (f)	tawāṣul (m)	تواصل
comunicare (vi)	tawāṣal	تواصل

conversazione (f)	muḥādaθa (f)	محادثة
dialogo (m)	ḥiwār (m)	حوار
discussione (f)	munāqaʃa (f)	مناقشة
dibattito (m)	munāẓara (f)	مناظرة
discutere (vi)	xālaf	خالف

interlocutore (m)	muḥāwir (m)	محاور
tema (m)	mawḍū' (m)	موضوع
punto (m) di vista	wiʒhat naẓar (f)	وجهة نظر

| opinione (f) | ra'y (m) | رأي |
| discorso (m) | xiṭāb (m) | خطاب |

discussione (f)	munāqaʃa (f)	مناقشة
discutere (~ una proposta)	nāqaʃ	ناقش
conversazione (f)	ḥadīs (m)	حديث
conversare (vi)	taḥādaθ	تحادث
incontro (m)	liqā' (m)	لقاء
incontrarsi (vr)	qābal	قابل

proverbio (m)	maθal (m)	مثل
detto (m)	qawl ma'θūr (m)	قول مأثور
indovinello (m)	luɣz (m)	لغز
fare un indovinello	alqa luɣz	ألقى لغزًا
parola (f) d'ordine	kalimat al murūr (f)	كلمة مرور
segreto (m)	sirr (m)	سرّ

giuramento (m)	qasam (m)	قسم
giurare (prestare giuramento)	aqsam	أقسم
promessa (f)	wa'd (m)	وعد
promettere (vt)	wa'ad	وعد

consiglio (m)	naṣīḥa (f)	نصيحة
consigliare (vt)	naṣaḥ	نصح
seguire il consiglio	intaṣaḥ	إنتصح
ubbidire (ai genitori)	aṭā'	أطاع

notizia (f)	xabar (m)	خبر
sensazione (f)	daʒʒa (f)	ضجّة
informazioni (f pl)	ma'lūmāt (pl)	معلومات
conclusione (f)	istintāʒ (f)	إستنتاج
voce (f)	ṣawt (m)	صوت
complimento (m)	madḥ (m)	مدح
gentile (agg)	laṭīf	لطيف

parola (f)	kalima (f)	كلمة
frase (f)	'ibāra (f)	عبارة
risposta (f)	ʒawāb (m)	جواب

| verità (f) | ḥaqīqa (f) | حقيقة |
| menzogna (f) | kiðb (m) | كذب |

pensiero (m)	fikra (f)	فكرة
idea (f)	fikra (f)	فكرة
fantasia (f)	xayāl (m)	خيال

63. Discussione. Conversazione. Parte 2

rispettato (agg)	muḥtaram	محترم
rispettare (vt)	iḥtaram	إحترم
rispetto (m)	iḥtirām (m)	إحترام
Egregio ...	'azīzi ...	عزيزي...
presentare (~ qn)	'arraf	عرّف
fare la conoscenza di ...	ta'arraf	تعرّف

intenzione (f)	niyya (f)	نيّة
avere intenzione	nawa	نوى
augurio (m)	tamanni (m)	تمنّ
augurare (vt)	tamanna	تمنّى

sorpresa (f)	ʿaʒab (m)	عجب
sorprendere (stupire)	adhaʃ	أدهش
stupirsi (vr)	indahaʃ	إندهش

dare (vt)	aʿta	أعطى
prendere (vt)	aχað	أخذ
rendere (vt)	radd	ردّ
restituire (vt)	arʒaʿ	أرجع

scusarsi (vr)	iʿtaðar	إعتذر
scusa (f)	iʿtiðār (m)	إعتذار
perdonare (vt)	ʿafa	عفا

parlare (vi, vt)	tahaddaθ	تحدّث
ascoltare (vi)	istamaʿ	إستمع
ascoltare fino in fondo	samiʿ	سمع
capire (vt)	fahim	فهم

mostrare (vt)	ʿaraḍ	عرض
guardare (vt)	naẓar	نظر
chiamare (rivolgersi a)	nāda	نادى
dare fastidio	ʃaɣal	شغل
disturbare (vt)	azʿaʒ	أزعج
consegnare (vt)	sallam	سلّم
richiesta (f)	ṭalab (m)	طلب
chiedere (vt)	ṭalab	طلب
esigenza (f)	maṭlab (m)	مطلب
esigere (vt)	ṭālib	طالب

stuzzicare (vt)	ɣāẓ	غاظ
canzonare (vt)	saχar	سخر
burla (f), beffa (f)	suχriyya (f)	سخريّة
soprannome (m)	laqab (m)	لقب

allusione (f)	talmīh (m)	تلميح
alludere (vi)	lamah	لمح
intendere (cosa intendi dire?)	qaṣad	قصد

descrizione (f)	waṣf (m)	وصف
descrivere (vt)	waṣaf	وصف
lode (f)	madh (m)	مدح
lodare (vt)	madah	مدح

delusione (f)	χaybat amal (f)	خيبة أمل
deludere (vt)	χayyab	خيّب
rimanere deluso	χābat ʾāmāluh	خابت آماله

supposizione (f)	iftirāḍ (m)	إفتراض
supporre (vt)	iftaraḍ	إفترض
avvertimento (m)	tahðīr (m)	تحذير
avvertire (vt)	haððar	حذر

64. Discussione. Conversazione. Parte 3

persuadere (vt)	aqna'	أقنع
tranquillizzare (vt)	ṭam'an	طمأن

silenzio (m) (il ~ è d'oro)	sukūt (m)	سكوت
tacere (vi)	sakat	سكت
sussurrare (vt)	hamas	همس
sussurro (m)	hamsa (f)	همسة

francamente	bi ṣarāḥa	بصراحة
secondo me ...	fi ra'yi ...	في رأيي...

dettaglio (m)	tafṣīl (m)	تفصيل
dettagliato (agg)	mufaṣṣal	مفصّل
dettagliatamente	bit tafāṣīl	بالتفاصيل

suggerimento (m)	iʃāra (f), talmīḥ (m)	إشارة، تلميح
suggerire (vt)	a'ṭa talmīḥ	أعطى تلميحاً

sguardo (m)	naẓra (f)	نظرة
gettare uno sguardo	alqa naẓra	ألقى نظرة
fisso (agg)	θābit	ثابت
battere le palpebre	ramaʃ	رمش
ammiccare (vi)	ɣamaz	غمز
accennare col capo	hazz ra'sah	هزّ رأسه

sospiro (m)	tanahhuda (f)	تنهّدة
sospirare (vi)	tanahhad	تنهّد
sussultare (vi)	irta'aʃ	إرتعش
gesto (m)	iʃārat yad (f)	إشارة يد
toccare (~ il braccio)	lamas	لمس
afferrare (~ per il braccio)	amsak	أمسك
picchiettare (~ la spalla)	ṣafaq	صفق

Attenzione!	χuð bālak!	خذ بالك!
Davvero?	wallahi?	والله؟
Sei sicuro?	hal anta muta'akkid?	هل أنت متأكّد؟
Buona fortuna!	bit tawfīq!	بالتوفيق!
Capito!	wāḍiḥ!	واضح!
Peccato!	ya lil asaf!	يا للأسف!

65. Accordo. Rifiuto

accordo (m)	muwāfaqa (f)	موافقة
essere d'accordo	wāfa'	وافق
approvazione (f)	istiḥsān (m)	إستحسان
approvare (vt)	istiḥsan	إستحسن
rifiuto (m)	rafḍ (m)	رفض
rifiutarsi (vr)	rafaḍ	رفض

Perfetto!	'aẓīm!	!عظيم
Va bene!	ittafaqna!	!إتّفقنا

D'accordo!	ittafaqna!	!إتّفقنا
vietato, proibito (agg)	mamnū'	ممنوع
è proibito	mamnū'	ممنوع
è impossibile	mustaḥīl	مستحيل
sbagliato (agg)	ɣalaṭ	غلط

respingere (~ una richiesta)	rafaḍ	رفض
sostenere (~ un'idea)	ayyad	أيّد
accettare (vt)	qabil	قبل

confermare (vt)	aθbat	أثبت
conferma (f)	iθbāt (m)	إثبات
permesso (m)	samāḥ (m)	سماح
permettere (vt)	samaḥ	سمح
decisione (f)	qarār (m)	قرار
non dire niente	ṣamat	صمت

condizione (f)	ʃarṭ (m)	شرط
pretesto (m)	'uðr (m)	عذر
lode (f)	madḥ (m)	مدح
lodare (vt)	madaḥ	مدح

66. Successo. Fortuna. Fiasco

successo (m)	naʒāḥ (m)	نجاح
con successo	bi naʒāḥ	بنجاح
ben riuscito (agg)	nāʒiḥ	ناجح
fortuna (f)	ḥazz (m)	حظّ
Buona fortuna!	bit tawfīq!	!بالتوفيق
fortunato (giorno ~)	murawaffiq	متوفّق
fortunato (persona ~a)	mahzūz	محظوظ

fiasco (m)	faʃl (m)	فشل
disdetta (f)	sū' al ḥazz (m)	سوء الحظّ
sfortuna (f)	sū' al ḥazz (m)	سوء الحظّ
fallito (agg)	fāʃil	فاشل
disastro (m)	kāriθa (f)	كارثة

orgoglio (m)	faxr (m)	فخر
orgoglioso (agg)	faxūr	فخور
essere fiero di ...	iftaxar	إفتخر
vincitore (m)	fā'iz (m)	فائز
vincere (vi)	fāz	فاز
perdere (subire una sconfitta)	xasir	خسر
tentativo (m)	muḥāwala (f)	محاولة
tentare (vi)	ḥāwal	حاول
chance (f)	furṣa (f)	فرصة

67. Dispute. Sentimenti negativi

| grido (m) | ṣarxa (f) | صرخة |
| gridare (vi) | ṣarax | صرخ |

mettersi a gridare	ṣaraҳ	صرخ
litigio (m)	muʃāʒara (f)	مشاجرة
litigare (vi)	taʃāʒar	تشاجر
lite (f)	muʃāʒara (f)	مشاجرة
dare scandalo (litigare)	taʃāʒar	تشاجر
conflitto (m)	ҳilāf (m)	خلاف
fraintendimento (m)	sū'at tafāhum (m)	سوء التفاهم

insulto (m)	ihāna (f)	إهانة
insultare (vt)	ahān	أهان
offeso (agg)	muhān	مهان
offesa (f)	ḍaym (m)	ضيم
offendere (qn)	asā'	أساء
offendersi (vr)	istā'	إستاء

indignazione (f)	istiyā' (m)	إستياء
indignarsi (vr)	istā'	إستاء
lamentela (f)	ʃakwa (f)	شكوى
lamentarsi (vr)	ʃaka	شكا

scusa (f)	i'tiðār (m)	إعتذار
scusarsi (vr)	i'taðar	إعتذر
chiedere scusa	i'taðar	إعتذر

critica (f)	naqd (m)	نقد
criticare (vt)	naqad	نقد
accusa (f)	ittihām (m)	إتّهام
accusare (vt)	ittaham	إتّهم

vendetta (f)	intiqām (m)	إنتقام
vendicare (vt)	intaqam	إنتقم
vendicarsi (vr)	radd	ردّ

disprezzo (m)	iḥtiqār (m)	إحتقار
disprezzare (vt)	iḥtaqar	إحتقر
odio (m)	karāha (f)	كراهة
odiare (vt)	karah	كره

nervoso (agg)	'aṣabiy	عصبيّ
essere nervoso	qalaq	قلق
arrabbiato (agg)	za'lān	زعلان
fare arrabbiare	az'al	أزعل

umiliazione (f)	iðlāl (m)	إذلال
umiliare (vt)	ðallal	ذلّل
umiliarsi (vr)	taðallal	تذلّل

shock (m)	ṣadma (f)	صدمة
scandalizzare (vt)	ṣadam	صدم

problema (m) (avere ~i)	muʃkila (f)	مشكلة
spiacevole (agg)	karīh	كريه

spavento (m), paura (f)	ҳawf (m)	خوف
terribile (una tempesta ~)	ʃadīd	شديد
spaventoso (un racconto ~)	muҳīf	مخيف

orrore (m)	ru'b (m)	رعب
orrendo (un crimine ~)	mur'ib	مرعب
cominciare a tremare	irta'aʃ	إرتعش
piangere (vi)	baka	بكى
mettersi a piangere	baka	بكى
lacrima (f)	dama'a (f)	دمعة
colpa (f)	ɣalṭa (f)	غلطة
senso (m) di colpa	ðamb (m)	ذنب
vergogna (f)	'ār (m)	عار
protesta (f)	iḥtiʒāʒ (m)	إحتجاج
stress (m)	tawattur (m)	توتّر
disturbare (vt)	az'aʒ	أزعج
essere arrabbiato	ɣaḍib	غضب
arrabbiato (agg)	ɣaḍbān	غضبان
porre fine a …	anha	أنهى
(~ una relazione)		
rimproverare (vt)	ʃātam	شاتم
spaventarsi (vr)	χāf	خاف
colpire (vt)	ḍarab	ضرب
picchiarsi (vr)	ta'ārak	تعارك
regolare (~ un conflitto)	sawwa	سوّى
scontento (agg)	ɣayr rāḍi	غير راض
furioso (agg)	'anīf	عنيف
Non sta bene!	laysa haða amr ʒayyid!	ليس هذا أمرًا جيّدًا!
Fa male!	haða amr sayyi'!	هذا أمر سيّء!

Medicinali

68. Malattie

malattia (f)	maraḍ (m)	مرض
essere malato	maraḍ	مرض
salute (f)	ṣiḥḥa (f)	صحّة

raffreddore (m)	zukām (m)	زكام
tonsillite (f)	iltihāb al lawzatayn (m)	التهاب اللوزتين
raffreddore (m)	bard (m)	برد
raffreddarsi (vr)	aṣābahu al bard	أصابه البرد

bronchite (f)	iltihāb al qaṣabāt (m)	إلتهاب القصبات
polmonite (f)	iltihāb ar ri'atayn (m)	إلتهاب الرئتين
influenza (f)	inflūnza (f)	إنفلونزا

miope (agg)	qaṣīr an naẓar	قصير النظر
presbite (agg)	ba'īd an naẓar	بعيد النظر
strabismo (m)	ḥawal (m)	حول
strabico (agg)	aḥwal	أحول
cateratta (f)	katarakt (f)	كاتاراكت
glaucoma (m)	glawkūma (f)	جلوكوما

ictus (m) cerebrale	sakta (f)	سكتة
attacco (m) di cuore	iḥtiʃāʼ (m)	إحتشاء
infarto (m) miocardico	nawba qalbiya (f)	نوية قلبية
paralisi (f)	ʃalal (m)	شلل
paralizzare (vt)	ʃall	شلّ

allergia (f)	ḥassāsiyya (f)	حسّاسيّة
asma (f)	rabw (m)	ربو
diabete (m)	ad dāʼ as sukkariy (m)	الداء السكّريّ

mal (m) di denti	alam al asnān (m)	ألم الأسنان
carie (f)	naxar al asnān (m)	نخر الأسنان

diarrea (f)	ishāl (m)	إسهال
stitichezza (f)	imsāk (m)	إمساك
disturbo (m) gastrico	ʿusr al haḍm (m)	عسر الهضم
intossicazione (f) alimentare	tasammum (m)	تسمّم
intossicarsi (vr)	tasammam	تسمّم

artrite (f)	iltihāb al mafāṣil (m)	إلتهاب المفاصل
rachitide (f)	kusāḥ al aṭfāl (m)	كساح الأطفال
reumatismo (m)	riumatizm (m)	روماتزم
aterosclerosi (f)	taṣṣallub aʃ ʃarayīn (m)	تصلّب الشرايين
gastrite (f)	iltihāb al maʿida (m)	إلتهاب المعدة
appendicite (f)	iltihāb az zāʼida ad dūdiyya (m)	إلتهاب الزائدة الدوديّة

| colecistite (f) | iltihāb al marāra (m) | إلتهاب المرارة |
| ulcera (f) | qurḥa (f) | قرحة |

morbillo (m)	maraḍ al ḥaṣba (m)	مرض الحصبة
rosolia (f)	ḥaṣba almāniyya (f)	حصبة ألمانية
itterizia (f)	yaraqān (m)	يرقان
epatite (f)	iltihāb al kabd al vayrūsiy (m)	إلتهاب الكبد الفيروسي

schizofrenia (f)	ʃizufrīniya (f)	شيزوفرينيا
rabbia (f)	dāʾ al kalb (m)	داء الكلب
nevrosi (f)	ʿiṣāb (m)	عصاب
commozione (f) cerebrale	irtiʒāʒ al muxx (m)	إرتجاج المخ

cancro (m)	saraṭān (m)	سرطان
sclerosi (f)	taṣṣallub (m)	تصلب
sclerosi (f) multipla	taṣṣallub mutaʿaddid (m)	تصلب متعدد

alcolismo (m)	idmān al xamr (m)	إدمان الخمر
alcolizzato (m)	mudmin al xamr (m)	مدمن الخمر
sifilide (f)	sifilis az zuhariy (m)	سفلس الزهري
AIDS (m)	al aydz (m)	الايدز

tumore (m)	waram (m)	ورم
maligno (agg)	xabīθ	خبيث
benigno (agg)	ḥamīd (m)	حميد

febbre (f)	ḥumma (f)	حمّى
malaria (f)	malāriya (f)	ملاريا
cancrena (f)	ɣanɣrīna (f)	غنغرينا
mal (m) di mare	duwār al baḥr (m)	دوار البحر
epilessia (f)	maraḍ aṣ ṣarʿ (m)	مرض الصرع

epidemia (f)	wabāʾ (m)	وباء
tifo (m)	tīfus (m)	تيفوس
tubercolosi (f)	maraḍ as sull (m)	مرض السلّ
colera (m)	kulīra (f)	كوليرا
peste (f)	ṭāʿūn (m)	طاعون

69. Sintomi. Cure. Parte 1

sintomo (m)	ʿaraḍ (m)	عرض
temperatura (f)	ḥarāra (f)	حرارة
febbre (f) alta	ḥumma (f)	حمّى
polso (m)	nabḍ (m)	نبض

capogiro (m)	dawxa (f)	دوخة
caldo (agg)	ḥārr	حار
brivido (m)	nafaḍān (m)	نفضان
pallido (un viso ~)	aṣfar	أصفر

tosse (f)	suʿāl (m)	سعال
tossire (vi)	saʿal	سعل
starnutire (vi)	ʿaṭas	عطس
svenimento (m)	iɣmāʾ (m)	إغماء

svenire (vi)	ɣumiya 'alayh	غمي عليه
livido (m)	kadma (f)	كدمة
bernoccolo (m)	tawarrum (m)	تورّم
farsi un livido	iʂtadam	إصطدم
contusione (f)	raḍḍ (m)	رضّ
farsi male	taraḍḍaḍ	ترضّض

zoppicare (vi)	'araʒ	عرج
slogatura (f)	χal' (m)	خلع
slogarsi (vr)	χala'	خلع
frattura (f)	kasr (m)	كسر
fratturarsi (vr)	inkasar	إنكسر

taglio (m)	ʒurħ (m)	جرح
tagliarsi (vr)	ʒarah nafsah	جرح نفسه
emorragia (f)	nazf (m)	نزف

scottatura (f)	ħarq (m)	حرق
scottarsi (vr)	taʃayyat	تشيط

pungere (vt)	waχaz	وخز
pungersi (vr)	waχaz nafsah	وخز نفسه
ferire (vt)	aʂāb	أصاب
ferita (f)	iʂāba (f)	إصابة
lesione (f)	ʒurħ (m)	جرح
trauma (m)	ʂadma (f)	صدمة

delirare (vi)	haða	هذى
tartagliare (vi)	tala'sam	تلعثم
colpo (m) di sole	ḍarbat ʃams (f)	ضربة شمس

70. Sintomi. Cure. Parte 2

dolore (m), male (m)	alam (m)	ألم
scheggia (f)	ʃaẓiyya (f)	شظيّة

sudore (m)	'irq (m)	عرق
sudare (vi)	'ariq	عرق
vomito (m)	taqayyu' (m)	تقيؤ
convulsioni (f pl)	taʃannuʒāt (pl)	تشنّجات

incinta (agg)	ħāmil	حامل
nascere (vi)	wulid	وُلد
parto (m)	wilāda (f)	ولادة
essere in travaglio di parto	walad	ولد
aborto (m)	iʒhāḍ (m)	إجهاض

respirazione (f)	tanaffus (m)	تنفّس
inspirazione (f)	istinʃāq (m)	إستنشاق
espirazione (f)	zafir (m)	زفير
espirare (vi)	zafar	زفر
inspirare (vi)	istanʃaq	إستنشق
invalido (m)	mu'āq (m)	معاق
storpio (m)	muq'ad (m)	مقعد

drogato (m)	mudmin muχaddirāt (m)	مدمن مخدّرات
sordo (agg)	aṭraʃ	أطرش
muto (agg)	aχras	أخرس
sordomuto (agg)	aṭraʃ aχras	أطرش أخرس

matto (agg)	maʒnūn (m)	مجنون
matto (m)	maʒnūn (m)	مجنون
matta (f)	maʒnūna (f)	مجنونة
impazzire (vi)	ʒunn	جنّ

gene (m)	ʒīn (m)	جين
immunità (f)	manā'a (f)	مناعة
ereditario (agg)	wirāθiy	وراثيّ
innato (agg)	χilqiy munð al wilāda	خلقيّ منذ الولادة

virus (m)	virūs (m)	فيروس
microbo (m)	mikrūb (m)	ميكروب
batterio (m)	ʒurθūma (f)	جرثومة
infezione (f)	'adwa (f)	عدوى

71. Sintomi. Cure. Parte 3

| ospedale (m) | mustaʃfa (m) | مستشفى |
| paziente (m) | marīḍ (m) | مريض |

diagnosi (f)	taʃχīṣ (m)	تشخيص
cura (f)	'ilāʒ (m)	علاج
trattamento (m)	'ilāʒ (m)	علاج
curarsi (vr)	ta'ālaʒ	تعالج
curare (vt)	'ālaʒ	عالج
accudire (un malato)	marraḍ	مرّض
assistenza (f)	'ināya (f)	عناية

operazione (f)	'amaliyya ʒaraḥiyya (f)	عمليّة جرحيّة
bendare (vt)	ḍammad	ضمّد
fasciatura (f)	taḍmīd (m)	تضميد

vaccinazione (f)	talqīḥ (m)	تلقيح
vaccinare (vt)	laqqaḥ	لقّح
iniezione (f)	ḥuqna (f)	حقنة
fare una puntura	ḥaqan ibra	حقن إبرة

attacco (m) (~ epilettico)	nawba (f)	نوبة
amputazione (f)	batr (m)	بتر
amputare (vt)	batar	بتر
coma (m)	γaybūba (f)	غيبوبة
essere in coma	kān fi ḥālat γaybūba	كان في حالة غيبوبة
rianimazione (f)	al 'ināya al murakkaza (f)	العناية المركّزة

guarire (vi)	ʃufiy	شفي
stato (f) (del paziente)	ḥāla (f)	حالة
conoscenza (f)	wa'y (m)	وعي
memoria (f)	ðākira (f)	ذاكرة
estrarre (~ un dente)	χala'	خلع

| otturazione (f) | ḥaʃw (m) | حشو |
| otturare (vt) | ḥaʃa | حشا |

| ipnosi (f) | at tanwīm al maγnaṭīsiy (m) | التنويم المغناطيسيّ |
| ipnotizzare (vt) | nawwam | نوّم |

72. Medici

medico (m)	ṭabīb (m)	طبيب
infermiera (f)	mumarriḍa (f)	ممرّضة
medico (m) personale	duktūr ʃaxṣiy (m)	دكتور شخصيّ

dentista (m)	ṭabīb al asnān (m)	طبيب الأسنان
oculista (m)	ṭabīb al 'uyūn (m)	طبيب العيون
internista (m)	ṭabīb bāṭiniy (m)	طبيب باطنيّ
chirurgo (m)	ʒarrāḥ (m)	جرّاح

psichiatra (m)	ṭabīb nafsiy (m)	طبيب نفسيّ
pediatra (m)	ṭabīb al aṭfāl (m)	طبيب الأطفال
psicologo (m)	sikulūʒiy (m)	سيكولوجيّ
ginecologo (m)	ṭabīb an nisā' (m)	طبيب النساء
cardiologo (m)	ṭabīb al qalb (m)	طبيب القلب

73. Medicinali. Farmaci. Accessori

medicina (f)	dawā' (m)	دواء
rimedio (m)	'ilāʒ (m)	علاج
prescrivere (vt)	waṣaf	وصف
prescrizione (f)	waṣfa (f)	وصفة

compressa (f)	qurṣ (m)	قرص
unguento (m)	marham (m)	مرهم
fiala (f)	ambūla (f)	أمبولة
pozione (f)	dawā' ʃarāb (m)	دواء شراب
sciroppo (m)	ʃarāb (m)	شراب
pillola (f)	ḥabba (f)	حبّة
polverina (f)	ðarūr (m)	ذرور

benda (f)	ḍammāda (f)	ضمادة
ovatta (f)	quṭn (m)	قطن
iodio (m)	yūd (m)	يود

cerotto (m)	blāstir (m)	بلاستر
contagocce (m)	māṣṣat al bastara (f)	ماصّة البسترة
termometro (m)	tirmūmitr (m)	ترمومتر
siringa (f)	miḥqana (f)	محقنة

| sedia (f) a rotelle | kursiy mutaḥarrik (m) | كرسي متحرّك |
| stampelle (f pl) | 'ukkāzān (du) | عكّازان |

| analgesico (m) | musakkin (m) | مسكّن |
| lassativo (m) | mulayyin (m) | ملّين |

alcol (m)	iθanūl (m)	إيثانول
erba (f) officinale	a'ʃāb ṭibbiyya (pl)	أعشاب طبية
d'erbe (infuso ~)	'uʃbiy	عشبي

74. Fumo. Prodotti di tabaccheria

tabacco (m)	tabɣ (m)	تبغ
sigaretta (f)	sīʒāra (f)	سيجارة
sigaro (m)	sīʒār (m)	سيجار
pipa (f)	ɣalyūn (m)	غليون
pacchetto (m) (di sigarette)	'ulba (f)	علبة

fiammiferi (m pl)	kibrīt (m)	كبريت
scatola (f) di fiammiferi	'ulbat kibrīt (f)	علبة كبريت
accendino (m)	wallā'a (f)	ولاعة
portacenere (m)	ṭaqṭūqa (f)	طقطوقة
portasigarette (m)	'ulbat saʒā'ir (f)	علبة سجائر

| bocchino (m) | ḥamilat siʒāra (f) | حاملة سيجارة |
| filtro (m) | filtir (m) | فلتر |

fumare (vi, vt)	daxxan	دخّن
accendere una sigaretta	aʃ'al siʒāra	أشعل سيجارة
fumo (m)	tadxīn (m)	تدخين
fumatore (m)	mudaxxin (m)	مدخّن

cicca (f), mozzicone (m)	'uqb siʒāra (m)	عقب سيجارة
fumo (m)	duxān (m)	دخان
cenere (f)	ramād (m)	رماد

HABITAT UMANO

Città

75. Città. Vita di città

città (f)	madīna (f)	مدينة
capitale (f)	'āṣima (f)	عاصمة
villaggio (m)	qarya (f)	قرية

mappa (f) della città	xarīṭat al madīna (f)	خريطة المدينة
centro (m) della città	markaz al madīna (m)	مركز المدينة
sobborgo (m)	ḍāḥiya (f)	ضاحية
suburbano (agg)	aḍ ḍawāḥi	الضواحي

periferia (f)	aṭrāf al madīna (pl)	أطراف المدينة
dintorni (m pl)	ḍawāḥi al madīna (pl)	ضواحي المدينة
isolato (m)	ḥayy (m)	حي
quartiere residenziale	ḥayy sakaniy (m)	حي سكني

traffico (m)	ḥarakat al murūr (f)	حركة المرور
semaforo (m)	iʃārāt al murūr (pl)	إشارات المرور
trasporti (m pl) urbani	wasāʾil an naql (pl)	وسائل النقل
incrocio (m)	taqāṭuʿ (m)	تقاطع

passaggio (m) pedonale	maʿbar al muʃāt (m)	معبر المشاة
sottopassaggio (m)	nafaq muʃāt (m)	نفق مشاة
attraversare (vt)	ʿabar	عبر
pedone (m)	māʃi (m)	ماش
marciapiede (m)	raṣīf (m)	رصيف

ponte (m)	ʒisr (m)	جسر
banchina (f)	kurnīʃ (m)	كورنيش
fontana (f)	nāfūra (f)	نافورة

vialetto (m)	mamʃa (m)	ممشى
parco (m)	ḥadīqa (f)	حديقة
boulevard (m)	bulvār (m)	بولفار
piazza (f)	maydān (m)	ميدان
viale (m), corso (m)	ʃāriʿ (m)	شارع
via (f), strada (f)	ʃāriʿ (m)	شارع
vicolo (m)	zuqāq (m)	زقاق
vicolo (m) cieco	ṭarīq masdūd (m)	طريق مسدود

casa (f)	bayt (m)	بيت
edificio (m)	mabna (m)	مبنى
grattacielo (m)	nāṭiḥat sahāb (f)	ناطحة سحاب
facciata (f)	wāʒiha (f)	واجهة
tetto (m)	saqf (m)	سقف

finestra (f)	ʃubbāk (m)	شبّاك
arco (m)	qaws (m)	قوس
colonna (f)	ʿamūd (m)	عمود
angolo (m)	zāwiya (f)	زاوية

vetrina (f)	vatrīna (f)	فترينة
insegna (f) (di negozi, ecc.)	lāfita (f)	لافتة
cartellone (m)	mulṣaq (m)	ملصق
cartellone (m) pubblicitario	mulṣaq iʿlāniy (m)	ملصق إعلاني
tabellone (m) pubblicitario	lawḥat iʿlānāt (f)	لوحة إعلانات

pattume (m), spazzatura (f)	zubāla (f)	زبالة
pattumiera (f)	ṣundūq zubāla (m)	صندوق زبالة
sporcare (vi)	rama zubāla	رمى زبالة
discarica (f) di rifiuti	mazbala (f)	مزبلة

cabina (f) telefonica	kuʃk tilifūn (m)	كشك تليفون
lampione (m)	ʿamūd al miṣbāḥ (m)	عمود المصباح
panchina (f)	dikka (f), kursiy (m)	دكَة, كرسي

poliziotto (m)	ʃurṭiy (m)	شرطي
polizia (f)	ʃurṭa (f)	شرطة
mendicante (m)	ʃaḥḥāð (m)	شحّاذ
barbone (m)	mutaʃarrid (m)	متشرّد

76. Servizi cittadini

negozio (m)	maḥall (m)	محلّ
farmacia (f)	ṣaydaliyya (f)	صيدليّة
ottica (f)	al adawāt al baṣariyya (pl)	الأدوات البصريّة
centro (m) commerciale	markaz tiჳāriy (m)	مركز تجاري
supermercato (m)	subirmarkit (m)	سوبرماركت

panetteria (f)	maxbaz (m)	مخبز
fornaio (m)	xabbāz (m)	خبّاز
pasticceria (f)	dukkān ḥalawāniy (m)	دكّان حلواني
drogheria (f)	baqqāla (f)	بقّالة
macelleria (f)	malḥama (f)	ملحمة

| fruttivendolo (m) | dukkān xuḍār (m) | دكّان خضار |
| mercato (m) | sūq (f) | سوق |

caffè (m)	kafé (m), maqha (m)	كافيه, مقهى
ristorante (m)	maṭʿam (m)	مطعم
birreria (f), pub (m)	ḥāna (f)	حانة
pizzeria (f)	maṭʿam pizza (m)	مطعم بيتزا

salone (m) di parrucchiere	ṣālūn ḥilāqa (m)	صالون حلاقة
ufficio (m) postale	maktab al barīd (m)	مكتب البريد
lavanderia (f) a secco	tanzīf ჳāff (m)	تنظيف جافّ
studio (m) fotografico	istūdiyu taṣwīr (m)	إستوديو تصوير

| negozio (m) di scarpe | maḥall aḥðiya (m) | محلّ أحذية |
| libreria (f) | maḥall kutub (m) | محلّ كتب |

negozio (m) sportivo	maḥall riyāḍiy (m)	محلّ رياضيّ
riparazione (f) di abiti	maḥall ẖiyāṭat malābis (m)	محلّ خياطة ملابس
noleggio (m) di abiti	maḥall ta'ʒīr malābis rasmiyya (m)	محلّ تأجير ملابس رسمية
noleggio (m) di film	maḥal ta'ʒīr vidiyu (m)	محلّ تأجير فيديو

circo (m)	sirk (m)	سيرك
zoo (m)	ḥadīqat al ḥayawān (f)	حديقة حيوان
cinema (m)	sinima (f)	سينما
museo (m)	matḥaf (m)	متحف
biblioteca (f)	maktaba (f)	مكتبة

teatro (m)	masraḥ (m)	مسرح
teatro (m) dell'opera	ubra (f)	أوبرا
locale notturno (m)	malha layliy (m)	ملهى ليليّ
casinò (m)	kazinu (m)	كازينو

moschea (f)	masʒid (m)	مسجد
sinagoga (f)	kanīs ma'bad yahūdiy (m)	كنيس معبد يهوديّ
cattedrale (f)	katidrā'iyya (f)	كاتدرائيّة
tempio (m)	ma'bad (m)	معبد
chiesa (f)	kanīsa (f)	كنيسة

istituto (m)	kulliyya (m)	كليّة
università (f)	ʒāmi'a (f)	جامعة
scuola (f)	madrasa (f)	مدرسة

prefettura (f)	muqāṭa'a (f)	مقاطعة
municipio (m)	baladiyya (f)	بلديّة
albergo, hotel (m)	funduq (m)	فندق
banca (f)	bank (m)	بنك

ambasciata (f)	safāra (f)	سفارة
agenzia (f) di viaggi	ʃarikat siyāḥa (f)	شركة سياحة
ufficio (m) informazioni	maktab al isti'lāmāt (m)	مكتب الإستعلامات
ufficio (m) dei cambi	ṣarrāfa (f)	صرّافة

| metropolitana (f) | mitru (m) | مترو |
| ospedale (m) | mustaʃfa (m) | مستشفى |

| distributore (m) di benzina | maḥaṭṭat banzīn (f) | محطة بنزين |
| parcheggio (m) | mawqif as sayyārāt (m) | موقف السيّارات |

77. Mezzi pubblici in città

autobus (m)	bāṣ (m)	باص
tram (m)	trām (m)	ترام
filobus (m)	truli bāṣ (m)	ترولي باص
itinerario (m)	ẖaṭṭ (m)	خط
numero (m)	raqm (m)	رقم

andare in ...	rakib ...	ركب...
salire (~ sull'autobus)	rakib	ركب
scendere da ...	nazil min	نزل من

fermata (f) (~ dell'autobus)	mawqif (m)	موقف
prossima fermata (f)	al maḥaṭṭa al qādima (f)	المحطّة القادمة
capolinea (m)	āxir maḥaṭṭa (f)	آخر محطّة
orario (m)	ʒadwal (m)	جدول
aspettare (vt)	inṭazar	إنتظر

biglietto (m)	taðkira (f)	تذكرة
prezzo (m) del biglietto	uʒra (f)	أجرة

cassiere (m)	ṣarrāf (m)	صرّاف
controllo (m) dei biglietti	taftīʃ taðkira (m)	تفتيش تذكرة
bigliettaio (m)	mufattiʃ taðākir (m)	مفتّش تذاكر

essere in ritardo	ta'axxar	تأخّر
perdere (~ il treno)	ta'axxar	تأخّر
avere fretta	ista'ʒal	إستعجل

taxi (m)	taksi (m)	تاكسي
taxista (m)	sā'iq taksi (m)	سائق تاكسي
in taxi	bit taksi	بالتاكسي
parcheggio (m) di taxi	mawqif taksi (m)	موقف تاكسي
chiamare un taxi	kallam tāksi	كلّم تاكسي
prendere un taxi	axað taksi	أخذ تاكسي

traffico (m)	ḥarakat al murūr (f)	حركة المرور
ingorgo (m)	zaḥmat al murūr (f)	زحمة المرور
ore (f pl) di punta	sā'at að ðurwa (f)	ساعة الذروة
parcheggiarsi (vr)	awqaf	أوقف
parcheggiare (vt)	awqaf	أوقف
parcheggio (m)	mawqif as sayyārāt (m)	موقف السيارات

metropolitana (f)	mitru (m)	مترو
stazione (f)	maḥaṭṭa (f)	محطّة
prendere la metropolitana	rakib al mitru	ركب المترو
treno (m)	qiṭār (m)	قطار
stazione (f) ferroviaria	maḥaṭṭat qiṭār (f)	محطّة قطار

78. Visita turistica

monumento (m)	timθāl (m)	تمثال
fortezza (f)	qalʿa (f), ḥiṣn (m)	قلعة، حصن
palazzo (m)	qaṣr (m)	قصر
castello (m)	qalʿa (f)	قلعة
torre (f)	burʒ (m)	برج
mausoleo (m)	ḍarīḥ (m)	ضريح

architettura (f)	handasa miʿmāriyya (f)	هندسة معماريّة
medievale (agg)	min al qurūn al wusṭa	من القرون الوسطى
antico (agg)	qadīm	قديم
nazionale (agg)	waṭaniy	وطنيّ
famoso (agg)	maʃhūr	مشهور

turista (m)	sā'iḥ (m)	سائح
guida (f)	murʃid (m)	مرشد

escursione (f)	ʒawla (f)	جولة
fare vedere	ʿaraḍ	عرض
raccontare (vt)	ḥaddaθ	حدّث

trovare (vt)	waʒad	وجد
perdersi (vr)	ḍāʿ	ضاع
mappa (f)	xarīṭa (f)	خريطة
(~ della metropolitana)		
piantina (f) (~ della città)	xarīṭa (f)	خريطة

souvenir (m)	tiðkār (m)	تذكار
negozio (m) di articoli	maḥall hadāya (m)	محلّ هدايا
da regalo		
fare foto	ṣawwar	صوّر
fotografarsi	taṣawwar	تصوّر

79. Acquisti

comprare (vt)	iʃtara	إشترى
acquisto (m)	ʃay' (m)	شيء
fare acquisti	iʃtara	إشترى
shopping (m)	ʃubinɣ (m)	شوبينغ

| essere aperto (negozio) | maftūḥ | مفتوح |
| essere chiuso | muɣlaq | مغلق |

calzature (f pl)	aḥðiya (pl)	أحذية
abbigliamento (m)	malābis (pl)	ملابس
cosmetica (f)	mawādd at taʒmīl (pl)	موادّ التجميل
alimentari (m pl)	ma'kūlāt (pl)	مأكولات
regalo (m)	hadiyya (f)	هديّة

| commesso (m) | bā'iʿ (m) | بائع |
| commessa (f) | bā'iʿa (f) | بائعة |

cassa (f)	ṣundū' ad dafʿ (m)	صندوق الدفع
specchio (m)	mir'āt (f)	مرآة
banco (m)	minḍada (f)	منضدة
camerino (m)	ɣurfat al qiyās (f)	غرفة القياس

provare (~ un vestito)	ʒarrab	جرّب
stare bene (vestito)	nāsab	ناسب
piacere (vi)	aʿʒab	أعجب

prezzo (m)	siʿr (m)	سعر
etichetta (f) del prezzo	tikit as siʿr (m)	تيكت السعر
costare (vt)	kallaf	كلّف
Quanto?	bikam?	بكم؟
sconto (m)	xaṣm (m)	خصم

no muy caro (agg)	ɣayr ɣāli	غير غال
a buon mercato	raxīṣ	رخيص
caro (agg)	ɣāli	غال
È caro	haða ɣāli	هذا غال

noleggio (m)	isti'ʒār (m)	إستئجار
noleggiare (~ un abito)	ista'ʒar	إستأجِر
credito (m)	i'timān (m)	إئتمان
a credito	bid dayn	بالدين

80. Denaro

soldi (m pl)	nuqūd (pl)	نقود
cambio (m)	taḥwīl 'umla (m)	تحويل عملة
corso (m) di cambio	si'r aṣ ṣarf (m)	سعر الصرف
bancomat (m)	ṣarrāf 'āliy (m)	صرّاف آليّ
moneta (f)	qiṭ'a naqdiyya (f)	قطعة نقديّة

dollaro (m)	dulār (m)	دولار
euro (m)	yuru (m)	يورو

lira (f)	lira iṭāliyya (f)	ليرة إيطالية
marco (m)	mark almāniy (m)	مارك ألماني
franco (m)	frank (m)	فرنك
sterlina (f)	ʒunayh istirlīniy (m)	جنيه استرلينيَ
yen (m)	yīn (m)	ين

debito (m)	dayn (m)	دين
debitore (m)	muđīn (m)	مدين
prestare (~ i soldi)	sallaf	سلّف
prendere in prestito	istalaf	إستلف

banca (f)	bank (m)	بنك
conto (m)	ḥisāb (m)	حساب
versare (vt)	awda'	أودع
versare sul conto	awda' fil ḥisāb	أودع في الحساب
prelevare dal conto	saḥab min al ḥisāb	سحب من الحساب

carta (f) di credito	biṭāqat i'timān (f)	بطاقة إئتمان
contanti (m pl)	nuqūd (pl)	نقود
assegno (m)	ʃīk (m)	شيك
emettere un assegno	katab ʃīk	كتب شيكًا
libretto (m) di assegni	daftar ʃīkāt (m)	دفتر شيكات

portafoglio (m)	maḥfaẓat ʒīb (f)	محفظة جيب
borsellino (m)	maḥfaẓat fakka (f)	محفظة فكّة
cassaforte (f)	ҳizāna (f)	خزانة

erede (m)	wāris (m)	وارث
eredità (f)	wirāθa (f)	وراثة
fortuna (f)	θarwa (f)	ثروة

affitto (m), locazione (f)	'īʒār (m)	إيجار
canone (m) d'affitto	uʒrat as sakan (f)	أجرة السكن
affittare (dare in affitto)	ista'ʒar	إستأجر

prezzo (m)	si'r (m)	سعر
costo (m)	θaman (m)	ثمن
somma (f)	mablaҳ (m)	مبلغ

spendere (vt)	ṣaraf	صرف
spese (f pl)	maṣārīf (pl)	مصاريف
economizzare (vi, vt)	waffar	وفّر
economico (agg)	muwaffir	موفّر

pagare (vi, vt)	dafaʿ	دفع
pagamento (m)	dafʿ (m)	دفع
resto (m) (dare il ~)	al bāqi (m)	الباقي

imposta (f)	ḍarība (f)	ضريبة
multa (f), ammenda (f)	yarāma (f)	غرامة
multare (vt)	faraḍ yarāma	فرض غرامة

81. Posta. Servizio postale

ufficio (m) postale	maktab al barīd (m)	مكتب البريد
posta (f) (lettere, ecc.)	al barīd (m)	البريد
postino (m)	sāʿi al barīd (m)	ساعي البريد
orario (m) di apertura	awqāt al ʿamal (pl)	أوقات العمل

lettera (f)	risāla (f)	رسالة
raccomandata (f)	risāla musaȝȝala (f)	رسالة مسجّلة
cartolina (f)	biṭāqa barīdiyya (f)	بطاقة بريدية
telegramma (m)	barqiyya (f)	برقيّة
pacco (m) postale	ṭard (m)	طرد
vaglia (m) postale	ḥawāla māliyya (f)	حوالة ماليّة

ricevere (vt)	istalam	إستلم
spedire (vt)	arsal	أرسل
invio (m)	irsāl (m)	إرسال

indirizzo (m)	ʿunwān (m)	عنوان
codice (m) postale	raqm al barīd (m)	رقم البريد
mittente (m)	mursil (m)	مرسل
destinatario (m)	mursal ilayh (m)	مرسل إليه

nome (m)	ism (m)	إسم
cognome (m)	ism al ʿāʾila (m)	إسم العائلة

tariffa (f)	taʿrīfa (f)	تعريفة
ordinario (agg)	ʿādiy	عاديّ
standard (agg)	muwaffir	موفّر

peso (m)	wazn (m)	وزن
pesare (vt)	wazan	وزن
busta (f)	ẓarf (m)	ظرف
francobollo (m)	ṭābiʿ (m)	طابع
affrancare (vt)	alṣaq ṭābiʿ	ألصق طابعا

Abitazione. Casa

82. Casa. Abitazione

casa (f)	bayt (m)	بيت
a casa	fil bayt	في البيت
cortile (m)	finā' (m)	فناء
recinto (m)	sūr (m)	سور

mattone (m)	ṭūb (m)	طوب
di mattoni	min aṭ ṭūb	من الطوب
pietra (f)	ḥaʒar (m)	حجر
di pietra	ḥaʒariy	حجريّ
beton (m)	xarasāna (f)	خرسانة
di beton	xarasāniy	خرسانيّ

nuovo (agg)	ʒadīd	جديد
vecchio (agg)	qadīm	قديم
fatiscente (edificio ~)	'āyil lis suqūṭ	آيل للسقوط
moderno (agg)	muʿāṣir	معاصر
a molti piani	mutaʿaddid aṭ ṭawābiq	متعدّد الطوابق
alto (agg)	ʿāli	عال

| piano (m) | ṭābiq (m) | طابق |
| di un piano | ðu ṭābiq wāḥid | ذو طابق واحد |

| pianoterra (m) | ṭābiq sufliy (m) | طابق سفليّ |
| ultimo piano (m) | ṭābiq ʿulwiy (m) | طابق علويّ |

| tetto (m) | saqf (m) | سقف |
| ciminiera (f) | madxana (f) | مدخنة |

tegola (f)	qirmīd (m)	قرميد
di tegole	min al qirmīd	من القرميد
soffitta (f)	ʿullayya (f)	علّية

| finestra (f) | ʃubbāk (m) | شبّاك |
| vetro (m) | zuʒāʒ (m) | زجاج |

| davanzale (m) | raff ʃubbāk (f) | رف شبّاك |
| imposte (f pl) | darf ʃubbāk (m) | درف شبّاك |

muro (m)	ḥā'iṭ (m)	حائط
balcone (m)	ʃurfa (f)	شرفة
tubo (m) pluviale	masūrat at taṣrīf (f)	ماسورة التصريف

su, di sopra	fawq	فوق
andare di sopra	saʿad	صعد
scendere (vi)	nazil	نزل
trasferirsi (vr)	intaqal	إنتقل

83. Casa. Ingresso. Ascensore

entrata (f)	madχal (m)	مدخل
scala (f)	sullam (m)	سلم
gradini (m pl)	daraʒāt (pl)	درجات
ringhiera (f)	drabizīn (m)	درابزين
hall (f) (atrio d'ingresso)	ṣāla (f)	صالة

cassetta (f) della posta	ṣundūq al barīd (m)	صندوق البريد
secchio (m) della spazzatura	ṣundūq az zubāla (m)	صندوق الزبالة
scivolo (m) per la spazzatura	manfað að ðubāla (m)	منفذ الزبالة

ascensore (m)	miṣ'ad (m)	مصعد
montacarichi (m)	miṣ'ad aʃ ʃaḥn (m)	مصعد الشحن
cabina (f) di ascensore	kabīna (f)	كابينة
prendere l'ascensore	rakib al miṣ'ad	ركب المصعد

appartamento (m)	ʃaqqa (f)	شقة
inquilini (m pl)	sukkān al 'imāra (pl)	سكان العمارة
vicino (m)	ʒār (m)	جار
vicina (f)	ʒāra (f)	جارة
vicini (m pl)	ʒirān (pl)	جيران

84. Casa. Porte. Serrature

porta (f)	bāb (m)	باب
cancello (m)	bawwāba (f)	بوّابة
maniglia (f)	qabḍat al bāb (f)	قبضة الباب

togliere il catenaccio	fataḥ	فتح
aprire (vt)	fataḥ	فتح
chiudere (vt)	aχlaq	أغلق

chiave (f)	miftāḥ (m)	مفتاح
mazzo (m)	rabṭa (f)	ربطة

cigolare (vi)	ṣarr	صرّ
cigolio (m)	ṣarīr (m)	صرير
cardine (m)	mufaṣṣala (f)	مفصّلة
zerbino (m)	siʒāda (f)	سجادة

serratura (f)	qifl al bāb (m)	قفل الباب
buco (m) della serratura	θaqb al bāb (m)	ثقب الباب
chiavistello (m)	tirbās (m)	ترباس
catenaccio (m)	mizlāʒ (m)	مزلاج
lucchetto (m)	qifl (m)	قفل

suonare (~ il campanello)	rann	رنّ
suono (m)	ranīn (m)	رنين
campanello (m)	ʒaras (m)	جرس
pulsante (m)	zirr (m)	زر
bussata (f)	ṭarq, daqq (m)	طرق، دق
bussare (vi)	daqq	دق

codice (m)	kūd (m)	كود
serratura (f) a codice	kūd (m)	كود
citofono (m)	ʒaras al bāb (m)	جرس الباب
numero (m) (~ civico)	raqm (m)	رقم
targhetta (f) di porta	lawḥa (f)	لوحة
spioncino (m)	al ʿayn as siḥriyya (m)	العين السحريّة

85. Casa di campagna

villaggio (m)	qarya (f)	قرية
orto (m)	bustān χuḍār (m)	بستان خضار
recinto (m)	sūr (m)	سور
steccato (m)	sūr (m)	سور
cancelletto (m)	bawwāba farʿiyya (f)	بوّابة فرعيّة
granaio (m)	ʃawna (f)	شونة
cantina (f), scantinato (m)	sirdāb (m)	سرداب
capanno (m)	saqīfa (f)	سقيفة
pozzo (m)	biʾr (m)	بئر
stufa (f)	furn (m)	فرن
attizzare (vt)	awqad	أوقد
legna (f) da ardere	ḥaṭab (m)	حطب
ciocco (m)	qiṭʿat ḥaṭab (f)	قطعة حطب
veranda (f)	virānda (f)	فيراندة
terrazza (f)	ʃurfa (f)	شرفة
scala (f) d'ingresso	sullam (m)	سلّم
altalena (f)	urʒūḥa (f)	أرجوحة

86. Castello. Reggia

castello (m)	qalʿa (f)	قلعة
palazzo (m)	qaṣr (m)	قصر
fortezza (f)	qalʿa (f), ḥiṣn (m)	قلعة، حصن
muro (m)	sūr (m)	سور
torre (f)	burʒ (m)	برج
torre (f) principale	burʒ raʾīsiy (m)	برج رئيسيّ
saracinesca (f)	bāb mutaḥarrik (m)	باب متحرّك
tunnel (m)	sirdāb (m)	سرداب
fossato (m)	χandaq māʾiy (m)	خندق مائيّ
catena (f)	silsila (f)	سلسلة
feritoia (f)	mazχal (m)	مزغل
magnifico (agg)	rāʾiʿ	رائع
maestoso (agg)	muhīb	مهيب
inespugnabile (agg)	manīʿ	منيع
medievale (agg)	min al qurūn al wusṭa	من القرون الوسطى

87. Appartamento

appartamento (m)	ʃaqqa (f)	شقة
camera (f), stanza (f)	ɣurfa (f)	غرفة
camera (f) da letto	ɣurfat an nawm (f)	غرفة النوم
sala (f) da pranzo	ɣurfat il akl (f)	غرفة الأكل
salotto (m)	ṣālat al istiqbāl (f)	صالة الإستقبال
studio (m)	maktab (m)	مكتب
ingresso (m)	madχal (m)	مدخل
bagno (m)	ḥammām (m)	حمّام
gabinetto (m)	ḥammām (m)	حمّام
soffitto (m)	saqf (m)	سقف
pavimento (m)	arḍ (f)	أرض
angolo (m)	zāwiya (f)	زاوية

88. Appartamento. Pulizie

pulire (vt)	nazzaf	نظف
mettere via	ʃāl	شال
polvere (f)	ɣubār (m)	غبار
impolverato (agg)	muɣabbar	مغبّر
spolverare (vt)	masaḥ al ɣubār	مسح الغبار
aspirapolvere (m)	miknasa kahrabāʾiyya (f)	مكنسة كهربائية
passare l'aspirapolvere	nazzaf bi miknasa kahrabāʾiyya	نظف بمكنسة كهربائية
spazzare (vi, vt)	kanas	كنس
spazzatura (f)	qumāma (f)	قمامة
ordine (m)	niẓām (m)	نظام
disordine (m)	ʿadam an niẓām (m)	عدم النظام
frettazzo (m)	mimsaḥa ṭawīla (f)	ممسحة طويلة
strofinaccio (m)	mimsaḥa (f)	ممسحة
scopa (f)	miqaʃʃa (f)	مقشة
paletta (f)	ʒārūf (m)	جاروف

89. Arredamento. Interno

mobili (m pl)	aθāθ (m)	أثاث
tavolo (m)	maktab (m)	مكتب
sedia (f)	kursiy (m)	كرسي
letto (m)	sarīr (m)	سرير
divano (m)	kanaba (f)	كنبة
poltrona (f)	kursiy (m)	كرسي
libreria (f)	χizānat kutub (f)	خزانة كتب
ripiano (m)	raff (m)	رف
armadio (m)	dūlāb (m)	دولاب
attaccapanni (m) da parete	ʃammāʿa (f)	شمّاعة

appendiabiti (m) da terra	ʃammāʿa (f)	شمّاعة
comò (m)	dulāb adrāʒ (m)	دولاب أدراج
tavolino (m) da salotto	ṭāwilat al qahwa (f)	طاولة القهوة

specchio (m)	mir'āt (f)	مرآة
tappeto (m)	siʒāda (f)	سجادة
tappetino (m)	siʒāda (f)	سجادة

camino (m)	midfa'a ḥā'iṭiyya (f)	مدفأة حائطيّة
candela (f)	ʃamʿa (f)	شمعة
candeliere (m)	ʃamʿadān (m)	شمعدان

tende (f pl)	satā'ir (pl)	ستائر
carta (f) da parati	waraq ḥī'ṭān (m)	ورق حيطان
tende (f pl) alla veneziana	haṣīrat ʃubbāk (f)	حصيرة شبّاك

lampada (f) da tavolo	miṣbāḥ aṭ ṭāwila (m)	مصباح الطاولة
lampada (f) da parete	miṣbāḥ al ḥā'iṭ (f)	مصباح الحائط
lampada (f) a stelo	miṣbāḥ arḍiy (m)	مصباح أرضيّ
lampadario (m)	naʒafa (f)	نجفة

gamba (f)	riʒl (f)	رجل
bracciolo (m)	masnad (m)	مسند
spalliera (f)	masnad (m)	مسند
cassetto (m)	durʒ (m)	درج

90. Biancheria da letto

biancheria (f) da letto	bayāḍāt as sarīr (pl)	بياضات السرير
cuscino (m)	wisāda (f)	وسادة
federa (f)	kīs al wisāda (m)	كيس الوسادة
coperta (f)	baṭṭāniyya (f)	بطّانية
lenzuolo (m)	milāya (f)	ملاية
copriletto (m)	ɣiṭā' as sarīr (m)	غطاء السرير

91. Cucina

cucina (f)	maṭbaχ (m)	مطبخ
gas (m)	ɣāz (m)	غاز
fornello (m) a gas	butuɣāz (m)	بوتوغاز
fornello (m) elettrico	furn kaharabā'iy (m)	فرن كهربائيّ
forno (m)	furn (m)	فرن
forno (m) a microonde	furn al mikruwayv (m)	فرن الميكروويف

frigorifero (m)	θallāʒa (f)	ثلاجة
congelatore (m)	frīzir (m)	فريزير
lavastoviglie (f)	ɣassāla (f)	غسّالة

tritacarne (m)	farrāmat laḥm (f)	فرّامة لحم
spremifrutta (m)	ʿaṣṣāra (f)	عصّارة
tostapane (m)	maḥmaṣat χubz (f)	محمصة خبز
mixer (m)	χallāṭ (m)	خلّاط

macchina (f) da caffè	mākinat ṣanʿ al qahwa (f)	ماكينة صنع القهوة
caffettiera (f)	kanaka (f)	كنكة
macinacaffè (m)	maṭhanat qahwa (f)	مطحنة قهوة

bollitore (m)	barrād (m)	برّاد
teiera (f)	barrād aʃʃāy (m)	برّاد الشاي
coperchio (m)	ɣiṭāʾ (m)	غطاء
colino (m) da tè	miṣfāt (f)	مصفاة

cucchiaio (m)	milʿaqa (f)	ملعقة
cucchiaino (m) da tè	milʿaqat ʃāy (f)	ملعقة شاي
cucchiaio (m)	milʿaqa kabīra (f)	ملعقة كبيرة
forchetta (f)	ʃawka (f)	شوكة
coltello (m)	sikkīn (m)	سكّين

stoviglie (f pl)	ṣuḥūn (pl)	صحون
piatto (m)	ṭabaq (m)	طبق
piattino (m)	ṭabaq finʒān (m)	طبق فنجان

cicchetto (m)	kaʾs (f)	كأس
bicchiere (m) (~ d'acqua)	kubbāya (f)	كبّاية
tazzina (f)	finʒān (m)	فنجان

zuccheriera (f)	sukkariyya (f)	سكّرية
saliera (f)	mamlaḥa (f)	مملحة
pepiera (f)	mabhara (f)	مبهرة
burriera (f)	ṣuḥn zubda (m)	صحن زبدة

pentola (f)	kassirūlla (f)	كاسرولة
padella (f)	ṭāsa (f)	طاسة
mestolo (m)	miɣrafa (f)	مغرفة
colapasta (m)	miṣfāt (f)	مصفاة
vassoio (m)	ṣīniyya (f)	صينية

bottiglia (f)	zuʒāʒa (f)	زجاجة
barattolo (m) di vetro	barṭamān (m)	برطمان
latta, lattina (f)	tanaka (f)	تنكة

apribottiglie (m)	fattāḥa (f)	فتّاحة
apriscatole (m)	fattāḥa (f)	فتّاحة
cavatappi (m)	barrīma (f)	بريمة
filtro (m)	filtir (m)	فلتر
filtrare (vt)	ṣaffa	صفّى

| spazzatura (f) | zubāla (f) | زبالة |
| pattumiera (f) | ṣundūq az zubāla (m) | صندوق الزبالة |

92. Bagno

bagno (m)	ḥammām (m)	حمّام
acqua (f)	māʾ (m)	ماء
rubinetto (m)	ḥanafiyya (f)	حنفية
acqua (f) calda	māʾ sāɣin (m)	ماء ساخن
acqua (f) fredda	māʾ bārid (m)	ماء بارد

dentifricio (m)	maʿʒūn asnān (m)	معجون أسنان
lavarsi i denti	nazzaf al asnān	نظّف الأسنان
spazzolino (m) da denti	furʃat asnān (f)	فرشة أسنان

rasarsi (vr)	ḥalaq	حلق
schiuma (f) da barba	raɣwa lil ḥilāqa (f)	رغوة للحلاقة
rasoio (m)	mūs ḥilāqa (m)	موس حلاقة

lavare (vt)	ɣasal	غسل
fare un bagno	istaḥamm	إستحمّ
doccia (f)	dūʃ (m)	دوش
fare una doccia	aҳað ad duʃ	أخذ الدش

vasca (f) da bagno	ḥawḍ istiḥmām (m)	حوض استحمام
water (m)	mirḥāḍ (m)	مرحاض
lavandino (m)	ḥawḍ (m)	حوض

sapone (m)	ṣābūn (m)	صابون
porta (m) sapone	ṣabbāna (f)	صبّانة

spugna (f)	līfa (f)	ليفة
shampoo (m)	ʃāmbū (m)	شامبو
asciugamano (m)	fūṭa (f)	فوطة
accappatoio (m)	θawb ḥammām (m)	ثوب حمّام

bucato (m)	ɣasīl (m)	غسيل
lavatrice (f)	ɣassāla (f)	غسّالة
fare il bucato	ɣasal al malābis	غسل الملابس
detersivo (m) per il bucato	mashūq ɣasīl (m)	مسحوق غسيل

93. Elettrodomestici

televisore (m)	tilivizyūn (m)	تليفزيون
registratore (m) a nastro	ʒihāz tasʒīl (m)	جهاز تسجيل
videoregistratore (m)	ʒihāz tasʒīl vidiyu (m)	جهاز تسجيل فيديو
radio (f)	ʒihāz radiyu (m)	جهاز راديو
lettore (m)	blayir (m)	بلير

videoproiettore (m)	ʾāriḍ vidiyu (m)	عارض فيديو
home cinema (m)	sinima manziliyya (f)	سينما منزليّة
lettore (m) DVD	di vi di (m)	دي في دي
amplificatore (m)	mukabbir aṣ ṣawt (m)	مكبّر الصوت
console (f) video giochi	ʾatāri (m)	أتاري

videocamera (f)	kamira vidiyu (f)	كاميرا فيديو
macchina (f) fotografica	kamira (f)	كاميرا
fotocamera (f) digitale	kamira diʒital (f)	كاميرا ديجيتال

aspirapolvere (m)	miknasa kahrabāʾiyya (f)	مكنسة كهربائيّة
ferro (m) da stiro	makwāt (f)	مكواة
asse (f) da stiro	lawḥat kayy (f)	لوحة كيّ

telefono (m)	hātif (m)	هاتف
telefonino (m)	hātif maḥmūl (m)	هاتف محمول

| macchina (f) da scrivere | 'āla katiba (f) | آلة كاتبة |
| macchina (f) da cucire | 'ālat al ҳiyāṭa (f) | آلة الخياطة |

microfono (m)	mikrufūn (m)	ميكروفون
cuffia (f)	sammā'āt ra'siya (pl)	سمّاعات رأسيّة
telecomando (m)	rimuwt kuntrūl (m)	ريموت كنترول

CD (m)	si di (m)	سي دي
cassetta (f)	ʃarīṭ (m)	شريط
disco (m) (vinile)	usṭuwāna (f)	أسطوانة

94. Riparazioni. Restauro

lavori (m pl) di restauro	taჳdīdāt (m)	تجديدات
rinnovare (ridecorare)	ჳaddad	جدّد
riparare (vt)	aṣlaḥ	أصلح
mettere in ordine	naẓẓam	نظّم
rifare (vt)	a'ād	أعاد

pittura (f)	dihān (m)	دهان
pitturare (~ un muro)	dahan	دهن
imbianchino (m)	dahhān (m)	دهّان
pennello (m)	furʃat lit talwīn (f)	فرشة للتلوين

| imbiancatura (f) | maḥlūl mubayyiḍ (m) | محلول مبيّض |
| imbiancare (vt) | bayyaḍ | بيّض |

carta (f) da parati	waraq ḥī'ṭān (m)	ورق حيطان
tappezzare (vt)	laṣaq waraq al ḥīṭān	لصق ورق الحيطان
vernice (f)	warnīʃ (m)	ورنيش
verniciare (vt)	ṭala bil warnīʃ	طلى بالورنيش

95. Impianto idraulico

acqua (f)	mā' (m)	ماء
acqua (f) calda	mā' sāҳin (m)	ماء ساخن
acqua (f) fredda	mā' bārid (m)	ماء بارد
rubinetto (m)	ḥanafiyya (f)	حنفيّة

goccia (f)	qaṭara (f)	قطرة
gocciolare (vi)	qaṭar	قطر
perdere (il tubo, ecc.)	sarab	سرب
perdita (f) (~ dai tubi)	tasarrub (m)	تسرّب
pozza (f)	birka (f)	بركة

tubo (m)	māsūra (f)	ماسورة
valvola (f)	ṣimām (m)	صمام
intasarsi (vr)	kān masdūdan	كان مسدودًا

strumenti (m pl)	adawāt (pl)	أدوات
chiave (f) inglese	miftāḥ inჳlīziy (m)	مفتاح إنجليزيَ
svitare (vt)	fataḥ	فتح

avvitare (stringere)	aḥkam aʃ ʃadd	أحكم الشدّ
stasare (vt)	sallak	سلّك
idraulico (m)	sabbāk (m)	سبّاك
seminterrato (m)	sirdāb (m)	سرداب
fognatura (f)	ʃabakit il maʒāry (f)	شبكة مياه المجاري

96. Incendio. Conflagrazione

fuoco (m)	ḥarīq (m)	حريق
fiamma (f)	ʃu'la (f)	شعلة
scintilla (f)	ʃarāra (f)	شرارة
fumo (m)	duxān (m)	دخان
fiaccola (f)	ʃu'la (f)	شعلة
falò (m)	nār muxayyam (m)	نار مخيّم

benzina (f)	banzīn (m)	بنزين
cherosene (m)	kirusīn (m)	كيروسين
combustibile (agg)	qābil lil iḥtirāq	قابل للإحتراق
esplosivo (agg)	mutafaʒʒir	متفجّر
VIETATO FUMARE!	mamnū' at tadxīn	ممنوع التدخين

sicurezza (f)	amn (m)	أمن
pericolo (m)	xaṭar (m)	خطر
pericoloso (agg)	xaṭīr	خطير

prendere fuoco	iʃta'al	إشتعل
esplosione (f)	infiʒār (m)	إنفجار
incendiare (vt)	aʃal an nār	أشعل النار
incendiario (m)	muʃ'il ḥarīq (m)	مشعل حريق
incendio (m) doloso	iḥrāq (m)	إحراق

divampare (vi)	talahhab	تلهّب
bruciare (vi)	iḥtaraq	إحترق
bruciarsi (vr)	iḥtaraq	إحترق

chiamare i pompieri	istad'a qism al ḥarīq	إستدعى قسم الحريق
pompiere (m)	raʒul iṭfā' (m)	رجل إطفاء
autopompa (f)	sayyārat iṭfā' (f)	سيّارة إطفاء
corpo (m) dei pompieri	qism iṭfā' (m)	قسم إطفاء
autoscala (f) da pompieri	sullam iṭfā' (m)	سلّم إطفاء

manichetta (f)	xarṭūm al mā' (m)	خرطوم الماء
estintore (m)	miṭfa'at ḥarīq (f)	مطفأة حريق
casco (m)	xūða (f)	خوذة
sirena (f)	ṣaffārat inðār (f)	صفّارة إنذار

gridare (vi)	ṣarax	صرخ
chiamare in aiuto	istaɣāθ	إستغاث
soccorritore (m)	munqið (m)	منقذ
salvare (vt)	anqað	أنقذ

arrivare (vi)	waṣal	وصل
spegnere (vt)	aṭfa'	أطفأ
acqua (f)	mā' (m)	ماء

Italiano	Arabo (trascr.)	Arabo
sabbia (f)	raml (m)	رمل
rovine (f pl)	ḥiṭām (pl)	حطام
crollare (edificio)	inhār	إنهار
cadere (vi)	inhār	إنهار
collassare (vi)	inhār	إنهار
frammento (m)	ḥiṭma (f)	حطمة
cenere (f)	ramād (m)	رماد
asfissiare (vi)	iḫtanaq	إختنق
morire, perire (vi)	halak	هلك

ATTIVITÀ UMANA

Lavoro. Affari. Parte 1

97. Attività bancaria

| banca (f) | bank (m) | بنك |
| filiale (f) | far' (m) | فرع |

| consulente (m) | muwazzaf bank (m) | موظّف بنك |
| direttore (m) | mudīr (m) | مدير |

conto (m) bancario	ḥisāb (m)	حساب
numero (m) del conto	raqm al ḥisāb (m)	رقم الحساب
conto (m) corrente	ḥisāb ӡāri (m)	حساب جار
conto (m) di risparmio	ḥisāb tawfir (m)	حساب توفير

aprire un conto	fataḥ ḥisāb	فتح حسابا
chiudere il conto	aɣlaq ḥisāb	أغلق حسابا
versare sul conto	awda' fil ḥisāb	أودع في الحساب
prelevare dal conto	saḥab min al ḥisāb	سحب من الحساب

deposito (m)	wadī'a (f)	وديعة
depositare (vt)	awda'	أودع
trasferimento (m) telegrafico	ḥawāla (f)	حوالة
rimettere i soldi	ḥawwal	حوّل

| somma (f) | mablaɣ (m) | مبلغ |
| Quanto? | kam? | كم؟ |

| firma (f) | tawqī' (m) | توقيع |
| firmare (vt) | waqqa' | وقّع |

carta (f) di credito	biṭāqat i'timān (f)	بطاقة ائتمان
codice (m)	kūd (m)	كود
numero (m) della carta di credito	raqm biṭāqat i'timān (m)	رقم بطاقة إئتمان
bancomat (m)	ṣarrāf 'āliy (m)	صرّاف آليّ

assegno (m)	ʃīk (m)	شيك
emettere un assegno	katab ʃīk	كتب شيكًا
libretto (m) di assegni	daftar ʃīkāt (m)	دفتر شيكات

prestito (m)	qarḍ (m)	قرض
fare domanda per un prestito	qaddam ṭalab lil ḥuṣūl 'ala qarḍ	قدّم طلبا للحصول على قرض
ottenere un prestito	ḥaṣal 'ala qarḍ	حصل على قرض
concedere un prestito	qaddam qarḍ	قدّم قرضا
garanzia (f)	ḍamān (m)	ضمان

98. Telefono. Conversazione telefonica

telefono (m)	hātif (m)	هاتف
telefonino (m)	hātif maḥmūl (m)	هاتف محمول
segreteria (f) telefonica	muʒīb al hātif (m)	مجيب الهاتف

| telefonare (vi, vt) | ittaṣal | إتّصل |
| chiamata (f) | mukālama tilifuniyya (f) | مكالمة تليفونية |

comporre un numero	ittaṣal bi raqm	إتّصل برقم
Pronto!	alu!	ألو!
chiedere (domandare)	sa'al	سأل
rispondere (vi, vt)	radd	ردّ

udire (vt)	samiʿ	سمع
bene	ʒayyidan	جيّدا
male	sayyi'an	سيّئا
disturbi (m pl)	taʃwīʃ (m)	تشويش

cornetta (f)	sammāʿa (f)	سمّاعة
alzare la cornetta	rafaʿ as sammāʿa	رفع السمّاعة
riattaccare la cornetta	qafal as sammāʿa	قفل السمّاعة

occupato (agg)	maʃɣūl	مشغول
squillare (del telefono)	rann	رنّ
elenco (m) telefonico	dalīl at tilifūn (m)	دليل التليفون

locale (agg)	maḥalliyya	محلّيّة
telefonata (f) urbana	mukālama hātifiyya maḥalliyya (f)	مكالمة هاتفيّة محلّيّة
interurbano (agg)	baʿīd al mada	بعيد المدى
telefonata (f) interurbana	mukālama baʿīdat al mada (f)	مكالمة بعيدة المدى
internazionale (agg)	duwaliy	دولي
telefonata (f) internazionale	mukālama duwaliyya (f)	مكالمة دوليّة

99. Telefono cellulare

telefonino (m)	hātif maḥmūl (m)	هاتف محمول
schermo (m)	ʒihāz ʿarḍ (m)	جهاز عرض
tasto (m)	zirr (m)	زرّ
scheda SIM (f)	sim kart (m)	سيم كارت

pila (f)	baṭṭāriyya (f)	بطّاريّة
essere scarico	xalaṣat	خلصت
caricabatteria (m)	ʃāḥin (m)	شاحن

menù (m)	qā'ima (f)	قائمة
impostazioni (f pl)	awḍāʿ (pl)	أوضاع
melodia (f)	naɣma (f)	نغمة
scegliere (vt)	ixtār	إختار

| calcolatrice (f) | 'āla ḥāsiba (f) | آلة حاسبة |
| segreteria (f) telefonica | barīd ṣawtiy (m) | بريد صوتي |

| sveglia (f) | munabbih (m) | منبّه |
| contatti (m pl) | ʒihāt al ittiṣāl (pl) | جهات الإتّصال |

| messaggio (m) SMS | risāla qaṣīra ɛsɛmɛs (f) | sms رسالة قصيرة |
| abbonato (m) | muʃtarik (m) | مشترك |

100. Articoli di cancelleria

| penna (f) a sfera | qalam ʒāf (m) | قلم جاف |
| penna (f) stilografica | qalam rīʃa (m) | قلم ريشة |

matita (f)	qalam ruṣāṣ (m)	قلم رصاص
evidenziatore (m)	markir (m)	ماركر
pennarello (m)	qalam χaṭṭāṭ (m)	قلم خطّاط

| taccuino (m) | muðakkira (f) | مذكّرة |
| agenda (f) | ʒadwal al aʿmāl (m) | جدول الأعمال |

righello (m)	masṭara (f)	مسطرة
calcolatrice (f)	'āla ḥāsiba (f)	آلة حاسبة
gomma (f) per cancellare	astīka (f)	استيكة
puntina (f)	dabbūs (m)	دبّوس
graffetta (f)	dabbūs waraq (m)	دبّوس ورق

colla (f)	ṣamɣ (m)	صمغ
pinzatrice (f)	dabbāsa (f)	دبّاسة
perforatrice (f)	χarrāma (m)	خرّامة
temperamatite (m)	mibrāt (f)	مبراة

Lavoro. Affari. Parte 2

101. Mezzi di comunicazione di massa

giornale (m)	ʒarīda (f)	جريدة
rivista (f)	maʒalla (f)	مجلّة
stampa (f) (giornali, ecc.)	ṣiḥāfa (f)	صحافة
radio (f)	iðā'a (f)	إذاعة
stazione (f) radio	maḥaṭṭat iðā'a (f)	محطة إذاعة
televisione (f)	tilivizyūn (m)	تليفزيون

presentatore (m)	mu'addim (m)	مقدّم
annunciatore (m)	muðī' (m)	مذيع
commentatore (m)	mu'alliq (m)	معلّق

giornalista (m)	ṣuḥufiy (m)	صحفيّ
corrispondente (m)	murāsil (m)	مراسل
fotocronista (m)	muṣawwir ṣuḥufiy (m)	مصوّر صحفيّ
cronista (m)	ṣuḥufiy (m)	صحفيّ

| redattore (m) | muḥarrir (m) | محرّر |
| redattore capo (m) | ra'īs taḥrīr (m) | رئيس تحرير |

abbonarsi a ...	iʃtarak	إشترك
abbonamento (m)	iʃtirāk (m)	إشتراك
abbonato (m)	muʃtarik (m)	مشترك
leggere (vi, vt)	qara'	قرأ
lettore (m)	qāri' (m)	قارئ

tiratura (f)	tadāwul (m)	تداول
mensile (agg)	ʃahriy	شهريّ
settimanale (agg)	usbū'iy	أسبوعيّ
numero (m)	'adad (m)	عدد
fresco (agg)	ʒadīd	جديد

testata (f)	'unwān (m)	عنوان
trafiletto (m)	maqāla qaṣīra (f)	مقالة قصيرة
rubrica (f)	'amūd (m)	عمود
articolo (m)	maqāla (f)	مقالة
pagina (f)	ṣafḥa (f)	صفحة

servizio (m), reportage (m)	taqrīr (m)	تقرير
evento (m)	ḥadaθ (m)	حدث
sensazione (f)	ḍaʒʒa (f)	ضجّة
scandalo (m)	faḍīḥa (f)	فضيحة
scandaloso (agg)	fāḍiḥ	فاضح
enorme (un ~ scandalo)	ʃahīr	شهير

| trasmissione (f) | barnāmaʒ (m) | برنامج |
| intervista (f) | muqābala (f) | مقابلة |

trasmissione (f) in diretta	iðā'a mubāʃira (f)	إذاعة مباشرة
canale (m)	qanāt (f)	قناة

102. Agricoltura

agricoltura (f)	zirā'a (f)	زراعة
contadino (m)	fallāḥ (m)	فلّاح
contadina (f)	fallāḥa (f)	فلّاحة
fattore (m)	muzāri' (m)	مزارع
trattore (m)	ʒarrār (m)	جرّار
mietitrebbia (f)	ḥaṣṣāda (f)	حصّادة
aratro (m)	miḥrāθ (m)	محراث
arare (vt)	ḥaraθ	حرث
terreno (m) coltivato	ḥaql maḥrūθ (m)	حقل محروث
solco (m)	talam (m)	تلم
seminare (vt)	baðar	بذر
seminatrice (f)	baððāra (f)	بذّارة
semina (f)	zar' (m)	زرع
falce (f)	miḥaʃʃ (m)	محشّ
falciare (vt)	ḥaʃʃ	حشّ
pala (f)	karīk (m)	مجرفة
scavare (vt)	ḥafar	حفر
zappa (f)	mi'zaqa (f)	معزقة
zappare (vt)	ista'ṣal nabātāt	إستأصل نباتات
erbaccia (f)	ḥaʃīʃa (m)	حشيشة
innaffiatoio (m)	miraʃʃa al miyāh (f)	مرشّة المياه
innaffiare (vt)	saqa	سقى
innaffiamento (m)	saqy (m)	سقي
forca (f)	maðrāt (f)	مذراة
rastrello (m)	midamma (f)	مدمّة
concime (m)	samād (m)	سماد
concimare (vt)	sammad	سمّد
letame (m)	zibd (m)	زبل
campo (m)	ḥaql (m)	حقل
prato (m)	marʒ (m)	مرج
orto (m)	bustān xuḍār (m)	بستان خضار
frutteto (m)	bustān (m)	بستان
pascolare (vt)	ra'a	رعى
pastore (m)	rā'i (m)	راع
pascolo (m)	mar'a (m)	مرعى
allevamento (m) di bestiame	tarbiyat al mawāʃi (f)	تربية المواشي
allevamento (m) di pecore	tarbiyat aɣnām (f)	تربية أغنام

piantagione (f)	mazra'a (f)	مزرعة
filare (m) (un ~ di alberi)	ḥawḍ (m)	حوض
serra (f) da orto	daffi'a (f)	دفيئة
siccità (f)	ʒafāf (m)	جفاف
secco, arido (un'estate ~a)	ʒāff	جافّ
grano (m)	ḥubūb (pl)	حبوب
cereali (m pl)	maḥāṣīl al ḥubūb (pl)	محاصيل الحبوب
raccogliere (vt)	ḥaṣad	حصد
mugnaio (m)	ṭaḥḥān (m)	طحّان
mulino (m)	ṭāḥūna (f)	طاحونة
macinare (~ il grano)	ṭaḥan al ḥubūb	طحن الحبوب
farina (f)	daqīq (m)	دقيق
paglia (f)	qaʃʃ (m)	قشّ

103. Edificio. Attività di costruzione

cantiere (m) edile	arḍ binā' (f)	أرض بناء
costruire (vt)	bana	بنى
operaio (m) edile	'āmil binā' (m)	عامل بناء
progetto (m)	maʃrū' (m)	مشروع
architetto (m)	muhandis mi'māriy (m)	مهندس معماريّ
operaio (m)	'āmil (m)	عامل
fondamenta (f pl)	asās (m)	أساس
tetto (m)	saqf (m)	سقف
palo (m) di fondazione	watad al asās (f)	وتد الأساس
muro (m)	ḥā'iṭ (m)	حائط
barre (f pl) di rinforzo	ḥadīd taslīḥ (m)	حديد تسليح
impalcatura (f)	saqāla (f)	سقالة
beton (m)	xarasāna (f)	خرسانة
granito (m)	granīt (m)	جرانيت
pietra (f)	ḥaʒar (m)	حجر
mattone (m)	ṭūb (m)	طوب
sabbia (f)	raml (m)	رمل
cemento (m)	ismant (m)	إسمنت
intonaco (m)	qiṣāra (m)	قصارة
intonacare (vt)	ṭala bil ʒiṣṣ	طلى بالجصّ
pittura (f)	dihān (m)	دهان
pitturare (vt)	dahhan	دهن
botte (f)	barmīl (m)	برميل
gru (f)	rāfi'a (f)	رافعة
sollevare (vt)	rafa'	رفع
abbassare (vt)	anzal	أنزل
bulldozer (m)	ʒarrāfa (f)	جرّافة
scavatrice (f)	ḥaffāra (f)	حفّارة

cucchiaia (f)	dalw (m)	دلو
scavare (vt)	ḥafar	حفر
casco (m) (~ di sicurezza)	χūða (f)	خوذة

Professioni e occupazioni

104. Ricerca di un lavoro. Licenziamento

lavoro (m)	'amal (m)	عمل
organico (m)	kawādir (pl)	كوادر
personale (m)	ṭāqim al 'āmilīn (m)	طاقم العاملين
carriera (f)	masār mihniy (m)	مسار مهنيّ
prospettiva (f)	'āfāq (pl)	آفاق
abilità (f pl)	mahārāt (pl)	مهارات
selezione (f) (~ del personale)	iχtiyār (m)	إختيار
agenzia (f) di collocamento	wikālat tawẓīf (f)	وكالة توظيف
curriculum vitae (f)	sīra ðātiyya (f)	سيرة ذاتيّة
colloquio (m)	mu'ābalat 'amal (f)	مقابلة عمل
posto (m) vacante	waẓīfa χāliya (f)	وظيفة خالية
salario (m)	murattab (m)	مرتّب
stipendio (m) fisso	rātib θābit (m)	راتب ثابت
compenso (m)	uʒra (f)	أجرة
carica (f), funzione (f)	manṣib (m)	منصب
mansione (f)	wāʒib (m)	واجب
mansioni (f pl) di lavoro	maʒmū'a min al wāʒibāt (f)	مجموعة من الواجبات
occupato (agg)	maʃɣūl	مشغول
licenziare (vt)	aqāl	أقال
licenziamento (m)	iqāla (m)	إقالة
disoccupazione (f)	biṭāla (f)	بطالة
disoccupato (m)	'āṭil (m)	عاطل
pensionamento (m)	ma'āʃ (m)	معاش
andare in pensione	uḥīl 'alal ma'āʃ	أُحيل على المعاش

105. Gente d'affari

direttore (m)	mudīr (m)	مدير
dirigente (m)	mudīr (m)	مدير
capo (m)	mudīr (m), raʔīs (m)	مدير, رئيس
superiore (m)	raʔīs (m)	رئيس
capi (m pl)	ru'asā' (pl)	رؤساء
presidente (m)	raʔīs (m)	رئيس
presidente (m) (impresa)	raʔīs (m)	رئيس
vice (m)	nā'ib (m)	نائب
assistente (m)	musā'id (m)	مساعد

segretario (m)	sikirtīr (m)	سكرتير
assistente (m) personale	sikritīr χāṣṣ (m)	سكرتير خاصّ
uomo (m) d'affari	raʒul aʿmāl (m)	رجل أعمال
imprenditore (m)	rā'id aʿmāl (m)	رائد أعمال
fondatore (m)	mu'assis (m)	مؤسِّس
fondare (vt)	assas	أسَّس
socio (m)	mu'assis (m)	مؤسِّس
partner (m)	ʃarīk (m)	شريك
azionista (m)	musāhim (m)	مساهم
milionario (m)	milyunīr (m)	مليونير
miliardario (m)	milyardīr (m)	مليارد ير
proprietario (m)	ṣāḥib (m)	صاحب
latifondista (m)	ṣāḥib al arḍ (m)	صاحب الأرض
cliente (m) (di professionista)	ʿamīl (m)	عميل
cliente (m) abituale	ʿamīl dā'im (m)	عميل دائم
compratore (m)	muʃtari (m)	مشتر
visitatore (m)	zā'ir (m)	زائر
professionista (m)	muhtarif (m)	محترف
esperto (m)	χabīr (m)	خبير
specialista (m)	mutaχaṣṣiṣ (m)	متخصِّص
banchiere (m)	ṣāḥib maṣraf (m)	صاحب مصرف
broker (m)	simsār (m)	سمسار
cassiere (m)	ṣarrāf (m)	صرّاف
contabile (m)	muḥāsib (m)	محاسب
guardia (f) giurata	ḥāris amn (m)	حارس أمن
investitore (m)	mustaθmir (m)	مستثمر
debitore (m)	mudīn (m)	مدين
creditore (m)	dā'in (m)	دائن
mutuatario (m)	muqtariḍ (m)	مقترض
importatore (m)	mustawrid (m)	مستورد
esportatore (m)	muṣaddir (m)	مصدِّر
produttore (m)	aʃ ʃarika al muṣniʿa (f)	الشركة المصنعة
distributore (m)	muwazziʿ (m)	موزِّع
intermediario (m)	wasīṭ (m)	وسيط
consulente (m)	mustaʃār (m)	مستشار
rappresentante (m)	mandūb mabiʿāt (m)	مندوب مبيعات
agente (m)	wakīl (m)	وكيل
assicuratore (m)	wakīl at ta'mīn (m)	وكيل التأمين

106. Professioni amministrative

cuoco (m)	ṭabbāχ (m)	طبّاخ
capocuoco (m)	ʃāf (m)	شاف

fornaio (m)	xabbāz (m)	خبّاز
barista (m)	bārman (m)	بارمان
cameriere (m)	nādil (m)	نادل
cameriera (f)	nādila (f)	نادلة

avvocato (m)	muḥāmi (m)	محام
esperto (m) legale	muḥāmi (m)	محام
notaio (m)	muwaθθaq (m)	موثّق

elettricista (m)	kahrabā'iy (m)	كهربائيّ
idraulico (m)	sabbāk (m)	سبّاك
falegname (m)	naӡӡār (m)	نجّار

massaggiatore (m)	mudallik (m)	مدلّك
massaggiatrice (f)	mudallika (f)	مدلّكة
medico (m)	ṭabīb (m)	طبيب

taxista (m)	sā'iq taksi (m)	سائق تاكسي
autista (m)	sā'iq (m)	سائق
fattorino (m)	sā'i (m)	ساع

cameriera (f)	'āmilat tanẓīf ɣuraf (f)	عاملة تنظيف غرف
guardia (f) giurata	ḥāris amn (m)	حارس أمن
hostess (f)	muḍīfat ṭayarān (f)	مضيفة طيران

insegnante (m, f)	mudarris madrasa (m)	مدرّس مدرسة
bibliotecario (m)	amīn maktaba (m)	أمين مكتبة
traduttore (m)	mutarӡim (m)	مترجم
interprete (m)	mutarӡim fawriy (m)	مترجم فوريّ
guida (f)	murʃid (m)	مرشد

parrucchiere (m)	ḥallāq (m)	حلّاق
postino (m)	sā'i al barīd (m)	ساعي البريد
commesso (m)	bā'i' (m)	بائع

giardiniere (m)	bustāniy (m)	بستانيّ
domestico (m)	xādim (m)	خادم
domestica (f)	xādima (f)	خادمة
donna (f) delle pulizie	'āmilat tanẓīf (f)	عاملة تنظيف

107. Professioni militari e gradi

soldato (m) semplice	ӡundiy (m)	جنديّ
sergente (m)	raqīb (m)	رقيب
tenente (m)	mulāzim (m)	ملازم
capitano (m)	naqīb (m)	نقيب

maggiore (m)	rā'id (m)	رائد
colonnello (m)	'aqīd (m)	عقيد
generale (m)	ӡinirāl (m)	جنرال
maresciallo (m)	mārʃāl (m)	مارشال
ammiraglio (m)	amirāl (m)	أميرال
militare (m)	'askariy (m)	عسكريّ
soldato (m)	ӡundiy (m)	جنديّ

ufficiale (m)	ḍābiṭ (m)	ضابط
comandante (m)	qā'id (m)	قائد
guardia (f) di frontiera	ḥāris ḥudūd (m)	حارس حدود
marconista (m)	'āmil lāsilkiy (m)	عامل لاسلكيّ
esploratore (m)	mustakʃif (m)	مستكشف
geniere (m)	muhandis 'askariy (m)	مهندس عسكريّ
tiratore (m)	rāmi (m)	رام
navigatore (m)	mallāḥ (m)	ملّاح

108. Funzionari. Sacerdoti

re (m)	malik (m)	ملك
regina (f)	malika (f)	ملكة
principe (m)	amīr (m)	أمير
principessa (f)	amīra (f)	أميرة
zar (m)	qayṣar (m)	قيصر
zarina (f)	qayṣara (f)	قيصرة
presidente (m)	ra'īs (m)	رئيس
ministro (m)	wazīr (m)	وزير
primo ministro (m)	ra'īs wuzarā' (m)	رئيس وزراء
senatore (m)	'uḍw maʒlis aʃ ʃuyūχ (m)	عضو مجلس الشيوخ
diplomatico (m)	diblumāsiy (m)	دبلوماسيّ
console (m)	qunṣul (m)	قنصل
ambasciatore (m)	safīr (m)	سفير
consigliere (m)	mustaʃār (m)	مستشار
funzionario (m)	muwaẓẓaf (m)	موظّف
prefetto (m)	ra'īs idārat al ḥayy (m)	رئيس إدارة الحيّ
sindaco (m)	ra'īs al baladiyya (m)	رئيس البلديّة
giudice (m)	qāḍi (m)	قاض
procuratore (m)	mudda'i (m)	مدّع
missionario (m)	mubaʃʃir (m)	مبشّر
monaco (m)	rāhib (m)	راهب
abate (m)	ra'īs ad dayr (m)	رئيس الدير
rabbino (m)	ḥāχām (m)	حاخام
visir (m)	wazīr (m)	وزير
scià (m)	ʃāh (m)	شاه
sceicco (m)	ʃɛyχ (m)	شيخ

109. Professioni agricole

apicoltore (m)	naḥḥāl (m)	نحّال
pastore (m)	rā'i (m)	راع
agronomo (m)	muhandis zirā'iy (m)	مهندس زراعيّ

| allevatore (m) di bestiame | murabbi al mawāʃi (m) | مربّي المواشي |
| veterinario (m) | ṭabīb bayṭariy (m) | طبيب بيطري |

fattore (m)	muzāriʿ (m)	مزارع
vinificatore (m)	ṣāniʿ an nabīð (m)	صانع النبيذ
zoologo (m)	χabīr fi ʿilm al ḥayawān (m)	خبير في علم الحيوان
cowboy (m)	rāʿi al baqar (m)	راعي البقر

110. Professioni artistiche

| attore (m) | mumaθθil (m) | ممثّل |
| attrice (f) | mumaθθila (f) | ممثّلة |

| cantante (m) | muɣanni (m) | مغنّ |
| cantante (f) | muɣanniya (f) | مغنّية |

| danzatore (m) | rāqiṣ (m) | راقص |
| ballerina (f) | rāqiṣa (f) | راقصة |

| artista (m) | fannān (m) | فنّان |
| artista (f) | fannāna (f) | فنّانة |

musicista (m)	ʿāzif (m)	عازف
pianista (m)	ʿāzif biyānu (m)	عازف بيانو
chitarrista (m)	ʿāzif gitār (m)	عازف جيتار

direttore (m) d'orchestra	qāʾid urkistra (m)	قائد أركسترا
compositore (m)	mulaḥḥin (m)	ملحّن
impresario (m)	mudīr firqa (m)	مدير فرقة

regista (m)	muχriʒ (m)	مخرج
produttore (m)	muntiʒ (m)	منتج
sceneggiatore (m)	kātib sināriyu (m)	كاتب سيناريو
critico (m)	nāqid (m)	ناقد

scrittore (m)	kātib (m)	كاتب
poeta (m)	ʃāʾir (m)	شاعر
scultore (m)	naḥḥāt (m)	نحّات
pittore (m)	rassām (m)	رسّام

giocoliere (m)	bahlawān (m)	بهلوان
pagliaccio (m)	muharriʒ (m)	مهرّج
acrobata (m)	bahlawān (m)	بهلوان
prestigiatore (m)	sāḥir (m)	ساحر

111. Professioni varie

medico (m)	ṭabīb (m)	طبيب
infermiera (f)	mumarriḍa (f)	ممرّضة
psichiatra (m)	ṭabīb nafsiy (m)	طبيب نفسيّ
dentista (m)	ṭabīb al asnān (m)	طبيب الأسنان
chirurgo (m)	ʒarrāḥ (m)	جرّاح

astronauta (m)	rā'id faḍā' (m)	رائد فضاء
astronomo (m)	'ālim falak (m)	عالم فلك
pilota (m)	ṭayyār (m)	طيّار

autista (m)	sā'iq (m)	سائق
macchinista (m)	sā'iq (m)	سائق
meccanico (m)	mikanīkiy (m)	ميكانيكيّ

minatore (m)	'āmil manʒam (m)	عامل منجم
operaio (m)	'āmil (m)	عامل
operaio (m) metallurgico	qaffāl (m)	قفّال
falegname (m)	naʒʒār (m)	نجّار
tornitore (m)	χarrāṭ (m)	خرّاط
operaio (m) edile	'āmil binā' (m)	عامل بناء
saldatore (m)	laḥḥām (m)	لحّام

professore (m)	brufissūr (m)	بروفيسور
architetto (m)	muhandis mi'māriy (m)	مهندس معماريّ
storico (m)	mu'arriχ (m)	مؤرّخ
scienziato (m)	'ālim (m)	عالم
fisico (m)	fizyā'iy (m)	فيزيائيّ
chimico (m)	kimyā'iy (m)	كيميائيّ

archeologo (m)	'ālim 'āθār (m)	عالم آثار
geologo (m)	ʒiulūʒiy (m)	جيولوجيّ
ricercatore (m)	bāḥiθ (m)	باحث

baby-sitter (m, f)	murabbiyat aṭfāl (f)	مربّية الأطفال
insegnante (m, f)	mu'allim (m)	معلّم

redattore (m)	muḥarrir (m)	محرّر
redattore capo (m)	ra'īs taḥrīr (m)	رئيس تحرير
corrispondente (m)	murāsil (m)	مراسل
dattilografa (f)	kātiba 'alal 'āla al kātiba (f)	كاتبة على الآلة الكاتبة

designer (m)	muṣammim (m)	مصمّم
esperto (m) informatico	mutaχaṣṣiṣ bil kumbyūtir (m)	متخصّص بالكمبيوتر
programmatore (m)	mubarmiʒ (m)	مبرمج
ingegnere (m)	muhandis (m)	مهندس

marittimo (m)	baḥḥār (m)	بحّار
marinaio (m)	baḥḥār (m)	بحّار
soccorritore (m)	munqið (m)	منقذ

pompiere (m)	raʒul iṭfā' (m)	رجل إطفاء
poliziotto (m)	ʃurṭiy (m)	شرطيّ
guardiano (m)	ḥāris (m)	حارس
detective (m)	muḥaqqiq (m)	محقّق

doganiere (m)	muwazzaf al ʒamārik (m)	موظّف الجمارك
guardia (f) del corpo	ḥāris ʃaχṣiy (m)	حارس شخصيّ
guardia (f) carceraria	ḥāris siʒn (m)	حارس سجن
ispettore (m)	mufattiʃ (m)	مفتّش

sportivo (m)	riyāḍiy (m)	رياضيّ
allenatore (m)	mudarrib (m)	مدرّب

macellaio (m)	ӡazzār (m)	جزّار
calzolaio (m)	iskāfiy (m)	إسكافي
uomo (m) d'affari	tāӡir (m)	تاجر
caricatore (m)	ḥammāl (m)	حمّال

stilista (m)	muṣammim azyā' (m)	مصمّم أزياء
modella (f)	mudīl (f)	موديل

112. Attività lavorative. Condizione sociale

scolaro (m)	tilmīð (m)	تلميذ
studente (m)	ṭālib (m)	طالب

filosofo (m)	faylasūf (m)	فيلسوف
economista (m)	iqtiṣādiy (m)	إقتصادي
inventore (m)	muxtari' (m)	مخترع

disoccupato (m)	'āṭil (m)	عاطل
pensionato (m)	mutaqā'id (m)	متقاعد
spia (f)	ӡāsūs (m)	جاسوس

detenuto (m)	saӡīn (m)	سجين
scioperante (m)	muḍrib (m)	مضرب
burocrate (m)	buruqrāṭiy (m)	بيوروقراطي
viaggiatore (m)	raḥḥāla (m)	رحّالة

omosessuale (m)	miθliy ӡinsiyyan (m)	مثلي جنسيًا
hacker (m)	hākir (m)	هاكر
hippy (m, f)	hippi (m)	هيبي

bandito (m)	qāṭi' ṭarīq (m)	قاطع طريق
sicario (m)	qātil ma'ӡūr (m)	قاتل مأجور
drogato (m)	mudmin muxaddirāt (m)	مدمن مخدّرات
trafficante (m) di droga	tāӡir muxaddirāt (m)	تاجر مخدّرات
prostituta (f)	'āhira (f)	عاهرة
magnaccia (m)	qawwād (m)	قوّاد

stregone (m)	sāḥir (m)	ساحر
strega (f)	sāḥira (f)	ساحرة
pirata (m)	qurṣān (m)	قرصان
schiavo (m)	'abd (m)	عبد
samurai (m)	samurāy (m)	ساموراي
selvaggio (m)	mutawaḥḥiʃ (m)	متوحّش

Sport

113. Tipi di sport. Sportivi

sportivo (m)	riyāḍiy (m)	رياضيّ
sport (m)	nawʿ min ar riyāḍa (m)	نوع من الرياضة
pallacanestro (m)	kurat as salla (f)	كرة السلة
cestista (m)	lāʿib kūrat as salla (m)	لاعب كرة السلة
baseball (m)	kurat al qāʿida (f)	كرة القاعدة
giocatore (m) di baseball	lāʿib kurat al qāʿida (m)	لاعب كرة القاعدة
calcio (m)	kurat al qadam (f)	كرة القدم
calciatore (m)	lāʿib kurat al qadam (m)	لاعب كرة القدم
portiere (m)	ḥāris al marma (m)	حارس المرمى
hockey (m)	huki (m)	هوكي
hockeista (m)	lāʿib huki (m)	لاعب هوكي
pallavolo (m)	al kura aṭ ṭāʾira (m)	الكرة الطائرة
pallavolista (m)	lāʿib al kura aṭ ṭāʾira (m)	لاعب الكرة الطائرة
pugilato (m)	mulākama (f)	ملاكمة
pugile (m)	mulākim (m)	ملاكم
lotta (f)	muṣāraʿa (f)	مصارعة
lottatore (m)	muṣāriʿ (m)	مصارع
karate (m)	karatī (m)	كاراتيه
karateka (m)	lāʿib karatī (m)	لاعب كاراتيه
judo (m)	ʒudu (m)	جودو
judoista (m)	lāʿib ʒudu (m)	لاعب جودو
tennis (m)	tinis (m)	تنس
tennista (m)	lāʿib tinnis (m)	لاعب تنس
nuoto (m)	sibāḥa (f)	سباحة
nuotatore (m)	sabbāḥ (m)	سبّاح
scherma (f)	musāyafa (f)	مسايفة
schermitore (m)	mubāriz (m)	مبارز
scacchi (m pl)	ʃaṭranʒ (m)	شطرنج
scacchista (m)	lāʿib ʃaṭranʒ (m)	لاعب شطرنج
alpinismo (m)	tasalluq al ʒibāl (m)	تسلّق الجبال
alpinista (m)	mutasalliq al ʒibāl (m)	متسلّق الجبال
corsa (f)	ʒary (m)	جري

corridore (m)	'addā' (m)	عدّاء
atletica (f) leggera	al'āb al qiwa (pl)	ألعاب القوى
atleta (m)	lā'ib riyāḍiy (m)	لاعب رياضيّ

| ippica (f) | riyāḍat al furūsiyya (f) | رياضة الفروسيّة |
| fantino (m) | fāris (m) | فارس |

pattinaggio (m) artistico	tazalluȝ fanniy 'alal ȝalīd (m)	تزلج فنّيّ على الجليد
pattinatore (m)	mutazalliȝ fanniy (m)	متزلّج فنّيّ
pattinatrice (f)	mutazalliȝa fanniyya (f)	متزلّجة فنّيّة

| pesistica (f) | raf' al aθqāl (m) | رفع الأثقال |
| pesista (m) | rāfi' al aθqāl (m) | رافع الأثقال |

| automobilismo (m) | sibāq as sayyārāt (m) | سباق السيّارات |
| pilota (m) | sā'iq sibāq (m) | سائق سباق |

| ciclismo (m) | sibāq ad darrāȝāt (m) | سباق الدرّاجات |
| ciclista (m) | lā'ib ad darrāȝāt (m) | لاعب الدرّاجات |

salto (m) in lungo	al qafz aṭ ṭawīl (m)	القفز الطويل
salto (m) con l'asta	al qafz biz zāna (m)	القفز بالزانة
saltatore (m)	qāfiz (m)	قافز

114. Tipi di sport. Varie

football (m) americano	kurat al qadam (f)	كرة القدم
badminton (m)	kurat ar rīʃa (f)	كرة الريشة
biathlon (m)	al biatlūn (m)	البياثلون
biliardo (m)	bilyārdu (m)	بلياردو

bob (m)	zallāȝa ȝama'iyya (f)	زلّاجة جماعيّة
culturismo (m)	kamāl aȝsām (m)	كمال أجسام
pallanuoto (m)	kurat al mā' (f)	كرة الماء
pallamano (m)	kurat al yad (f)	كرة اليد
golf (m)	gūlf (m)	جولف

canottaggio (m)	taȝðīf (m)	تجذيف
immersione (f) subacquea	al ɣaws taḥt al mā' (m)	الغوص تحت الماء
sci (m) di fondo	riyāḍat al iski (f)	رياضة الإسكي
tennis (m) da tavolo	kurat aṭ ṭāwila (f)	كرة الطاولة

vela (f)	riyāḍa ibḥār al marākib (f)	رياضة إبحار المراكب
rally (m)	sibāq as sayyārāt (m)	سباق السيّارات
rugby (m)	raɣbi (m)	رغبي
snowboard (m)	tazalluȝ 'laθ θulūȝ (m)	تزلّج على الثلج
tiro (m) con l'arco	rimāya (f)	رماية

115. Palestra

| bilanciere (m) | ḥadīda (f) | حديدة |
| manubri (m pl) | dambilz (m) | دمبلز |

attrezzo (m) sportivo	ӡihāz tadrīb (m)	جهاز تدريب
cyclette (f)	darrāӡat tadrīb (f)	درّاجة تدريب
tapis roulant (m)	ӡihāz al maʃy (m)	جهاز المشي
sbarra (f)	'uqla (f)	عقلة
parallele (f pl)	al mutawāzi (m)	المتوازي
cavallo (m)	hisān al maqābiḍ (m)	حصان المقابض
materassino (m)	ḥaṣīra (f)	حصيرة
corda (f) per saltare	ḥabl an naṭṭ (m)	حبل النطّ
aerobica (f)	at tamrīnāt al hiwā'iyya (pl)	التمرينات الهوائية
yoga (m)	yūga (f)	يوجا

116. Sport. Varie

Giochi (m pl) Olimpici	al'āb ulumbiyya (pl)	ألعاب أولمبيّة
vincitore (m)	fā'iz (m)	فائز
ottenere la vittoria	fāz	فاز
vincere (vi)	fāz	فاز
leader (m), capo (m)	za'īm (m)	زعيم
essere alla guida	taqaddam	تقدّم
primo posto (m)	al martaba al ūla (f)	المرتبة الأولى
secondo posto (m)	al martaba aθ θāniya (f)	المرتبة الثانية
terzo posto (m)	al martaba aθ θāliθa (f)	المرتبة الثالثة
medaglia (f)	midāliyya (f)	ميداليّة
trofeo (m)	ӡā'iza (f)	جائزة
coppa (f) (trofeo)	ka's (m)	كأس
premio (m)	ӡā'iza (f)	جائزة
primo premio (m)	akbar ӡā'iza (f)	أكبر جائزة
record (m)	raqm qiyāsiy (m)	رقم قياسيّ
stabilire un record	fāz bi raqm qiyāsiy	فاز برقم قياسيّ
finale (m)	mubarāt nihā'iyya (f)	مباراة نهائيّة
finale (agg)	nihā'iy	نهائيّ
campione (m)	baṭal (m)	بطل
campionato (m)	buṭūla (f)	بطولة
stadio (m)	mal'ab (m)	ملعب
tribuna (f)	mudarraӡ (m)	مدرّج
tifoso, fan (m)	muʃaӡӡi' (m)	مشجّع
avversario (m)	'aduww (m)	عدوّ
partenza (f)	xaṭṭ al bidāya (m)	خطّ البداية
traguardo (m)	xaṭṭ an nihāya (m)	خطّ النهاية
sconfitta (f)	hazīma (f)	هزيمة
perdere (vt)	xasir	خسر
arbitro (m)	ḥakam (m)	حكم
giuria (f)	hay'at al ḥukm (f)	هيئة الحكم

punteggio (m)	natīʒa (f)	نتيجة
pareggio (m)	ta'ādul (m)	تعادل
pareggiare (vi)	ta'ādal	تعادل
punto (m)	nuqta (f)	نقطة
risultato (m)	natīʒa nihā'iyya (f)	نتيجة نهائية

tempo (primo ~)	ʃawṭ (m)	شوط
intervallo (m)	istirāḥa ma bayn aʃ ʃawṭayn (f)	إستراحة ما بين الشوطين
doping (m)	munaʃʃiṭāt (pl)	منشّطات
penalizzare (vt)	'āqab	عاقب
squalificare (vt)	ḥaram	حرم

attrezzatura (f)	ma'add riyāḍiy (f)	معدّ رياضيّ
giavellotto (m)	rumḥ (m)	رمح
peso (m) (sfera metallica)	ʒulla (f)	جلّة
biglia (f) (palla)	kura (f)	كرة

obiettivo (m)	hadaf (m)	هدف
bersaglio (m)	hadaf (m)	هدف
sparare (vi)	aṭlaq an nār	أطلق النار
preciso (agg)	maḍbūṭ	مضبوط

allenatore (m)	mudarrib (m)	مدرّب
allenare (vt)	darrab	درّب
allenarsi (vr)	tadarrab	تدرّب
allenamento (m)	tadrīb (m)	تدريب

palestra (f)	markaz li liyāqa badaniyya (m)	مركز للياقة بدنيّة
esercizio (m)	tamrīn (m)	تمرين
riscaldamento (m)	tasχīn (m)	تسخين

Istruzione

117. Scuola

scuola (f)	madrasa (f)	مدرسة
direttore (m) di scuola	mudīr madrasa (m)	مدير مدرسة
allievo (m)	tilmīð (m)	تلميذ
allieva (f)	tilmīða (f)	تلميذة
scolaro (m)	tilmīð (m)	تلميذ
scolara (f)	tilmīða (f)	تلميذة
insegnare (qn)	ʿallam	علّم
imparare (una lingua)	taʿallam	تعلّم
imparare a memoria	ḥafaẓ	حفظ
studiare (vi)	taʿallam	تعلّم
frequentare la scuola	daras	درس
andare a scuola	ðahab ilal madrasa	ذهب إلى المدرسة
alfabeto (m)	alifbāʾ (m)	الفباء
materia (f)	mādda (f)	مادّة
classe (f)	faṣl (m)	فصل
lezione (f)	dars (m)	درس
ricreazione (f)	istirāḥa (f)	إستراحة
campanella (f)	ʒaras al madrasa (m)	جرس المدرسة
banco (m)	taχta lil madrasa (m)	تخته للمدرسة
lavagna (f)	sabbūra (f)	سبّورة
voto (m)	daraʒa (f)	درجة
voto (m) alto	daraʒa ʒayyida (f)	درجة جيّدة
voto (m) basso	daraʒa ɣayr ʒayyida (f)	درجة غير جيّدة
dare un voto	aʿta daraʒa	أعطى درجة
errore (m)	χaṭaʾ (m)	خطأ
fare errori	aχṭaʾ	أخطأ
correggere (vt)	ṣaḥḥaḥ	صحّح
bigliettino (m)	waraqat ɣaʃʃ (f)	ورقة غشّ
compiti (m pl)	wāʒib manziliy (m)	واجب منزليّ
esercizio (m)	tamrīn (m)	تمرين
essere presente	ḥaḍar	حضر
essere assente	ɣāb	غاب
mancare le lezioni	taɣayyab ʿan al madrasa	تغيّب عن المدرسة
punire (vt)	ʿāqab	عاقب
punizione (f)	ʿuqūba (f), ʿiqāb (m)	عقوبة, عقاب
comportamento (m)	sulūk (m)	سلوك

pagella (f)	at taqrīr al madrasiy (m)	التقرير المدرسيّ
matita (f)	qalam ruṣāṣ (m)	قلم رصاص
gomma (f) per cancellare	astīka (f)	استيكة
gesso (m)	ṭabāʃīr (m)	طباشير
astuccio (m) portamatite	maqlama (f)	مقلمة

cartella (f)	ʃanṭat al madrasa (f)	شنطة المدرسة
penna (f)	qalam (m)	قلم
quaderno (m)	daftar (m)	دفتر
manuale (m)	kitāb taʿlīm (m)	كتاب تعليم
compasso (m)	barʒal (m)	برجل

| disegnare (tracciare) | rasam rasm taqniy | رسم رسمًا تقنيًا |
| disegno (m) tecnico | rasm taqniy (m) | رسم تقنيّ |

poesia (f)	qaṣīda (f)	قصيدة
a memoria	ʿan ẓahr qalb	عن ظهر قلب
imparare a memoria	ḥafaẓ	حفظ

vacanze (f pl) scolastiche	ʿuṭla madrasiyya (f)	عطلة مدرسيّة
essere in vacanza	ʿindahu ʿuṭla	عنده عطلة
passare le vacanze	qaḍa al ʿuṭla	قضى العطلة

prova (f) scritta	imtiḥān (m)	إمتحان
composizione (f)	inʃāʾ (m)	إنشاء
dettato (m)	imlāʾ (m)	إملاء
esame (m)	imtiḥān (m)	إمتحان
sostenere un esame	marr al imtiḥān	مرّ الإمتحان
esperimento (m)	taʒriba (f)	تجربة

118. Istituto superiore. Università

accademia (f)	akadīmiyya (f)	أكاديميّة
università (f)	ʒāmiʿa (f)	جامعة
facoltà (f)	kulliyya (f)	كلّية

studente (m)	ṭālib (m)	طالب
studentessa (f)	ṭāliba (f)	طالبة
docente (m, f)	muḥāḍir (m)	محاضر

| aula (f) | mudarraʒ (m) | مدرّج |
| diplomato (m) | mutaxarriʒ (m) | متخرّج |

| diploma (m) | diblūma (f) | دبلومة |
| tesi (f) | risāla ʿilmiyya (f) | رسالة علميّة |

| ricerca (f) | dirāsa (f) | دراسة |
| laboratorio (m) | muxtabar (m) | مختبر |

| lezione (f) | muḥāḍara (f) | محاضرة |
| compagno (m) di corso | zamīl fiṣ ṣaff (m) | زميل في الصفّ |

| borsa (f) di studio | minḥa dirāsiyya (f) | منحة دراسيّة |
| titolo (m) accademico | daraʒa ʿilmiyya (f) | درجة علميّة |

119. Scienze. Discipline

matematica (f)	riyāḍīyyāt (pl)	رياضيّات
algebra (f)	al ʒabr (m)	الجبر
geometria (f)	handasa (f)	هندسة
astronomia (f)	ʿilm al falak (m)	علم الفلك
biologia (f)	ʿilm al aḥyā' (m)	علم الأحياء
geografia (f)	ʒuɣrāfiya (f)	جغرافيا
geologia (f)	ʒiulūʒiya (f)	جيولوجيا
storia (f)	tarīχ (m)	تاريخ
medicina (f)	ṭibb (m)	طبّ
pedagogia (f)	ʿilm at tarbiya (f)	علم التربية
diritto (m)	qānūn (m)	قانون
fisica (f)	fizyā' (f)	فيزياء
chimica (f)	kimyā' (f)	كيمياء
filosofia (f)	falsafa (f)	فلسفة
psicologia (f)	ʿilm an nafs (m)	علم النفس

120. Sistema di scrittura. Ortografia

grammatica (f)	an naḥw waṣ ṣarf (m)	النحو والصرف
lessico (m)	mufradāt al luɣa (pl)	مفردات اللغة
fonetica (f)	ṣawtīyyāt (pl)	صوتيّات
sostantivo (m)	ism (m)	إسم
aggettivo (m)	ṣifa (f)	صفة
verbo (m)	fiʿl (m)	فعل
avverbio (m)	ẓarf (m)	ظرف
pronome (m)	ḍamīr (m)	ضمير
interiezione (f)	ḥarf nidā' (m)	حرف نداء
preposizione (f)	ḥarf al ʒarr (m)	حرف الجرّ
radice (f)	ʒiðr al kalima (m)	جذر الكلمة
desinenza (f)	nihāya (f)	نهاية
prefisso (m)	sābiqa (f)	سابقة
sillaba (f)	maqṭaʿ lafẓiy (m)	مقطع لفظيّ
suffisso (m)	lāḥiqa (f)	لاحقة
accento (m)	nabra (f)	نبرة
apostrofo (m)	ʿalāmat ḥaðf (f)	علامة حذف
punto (m)	nuqṭa (f)	نقطة
virgola (f)	fāṣila (f)	فاصلة
punto (m) e virgola	nuqṭa wa fāṣila (f)	نقطة وفاصلة
due punti	nuqṭatān ra'siyyatān (du)	نقطتان رأسيتان
puntini di sospensione	θalāθ nuqaṭ (pl)	ثلاث نقط
punto (m) interrogativo	ʿalāmat istifhām (f)	علامة إستفهام
punto (m) esclamativo	ʿalāmat taʿaʒʒub (f)	علامة تعجّب

virgolette (f pl)	'alāmāt al iqtibās (pl)	علامات الإقتباس
tra virgolette	bayn 'alāmatay al iqtibās	بين علامتي الإقتباس
parentesi (f pl)	qawsān (du)	قوسان
tra parentesi	bayn al qawsayn	بين القوسين

trattino (m)	'alāmat waṣl (f)	علامة وصل
lineetta (f)	ʃurṭa (f)	شرطة
spazio (m) (tra due parole)	farāɣ (m)	فراغ

| lettera (f) | ḥarf (m) | حرف |
| lettera (f) maiuscola | ḥarf kabīr (m) | حرف كبير |

| vocale (f) | ḥarf ṣawtiy (m) | حرف صوتيّ |
| consonante (f) | ḥarf sākin (m) | حرف ساكن |

proposizione (f)	ʒumla (f)	جملة
soggetto (m)	fā'il (m)	فاعل
predicato (m)	musnad (m)	مسند

riga (f)	saṭr (m)	سطر
a capo	min bidāyat as saṭr	من بداية السطر
capoverso (m)	fiqra (f)	فقرة

parola (f)	kalima (f)	كلمة
gruppo (m) di parole	maʒmū'a min al kalimāt (pl)	مجموعة من الكلمات
espressione (f)	'ibāra (f)	عبارة
sinonimo (m)	murādif (m)	مرادف
antonimo (m)	mutaḍādd luɣawiy (m)	متضادّ

regola (f)	qā'ida (f)	قاعدة
eccezione (f)	istiθnā' (m)	إستثناء
giusto (corretto)	ṣaḥīḥ	صحيح

coniugazione (f)	ṣarf (m)	صرف
declinazione (f)	taṣrīf al asmā' (m)	تصريف الأسماء
caso (m) nominativo	ḥāla ismiyya (f)	حالة إسميّة
domanda (f)	su'āl (m)	سؤال
sottolineare (vt)	waḍa' ҳaṭṭ taḥt	وضع خطّا تحت
linea (f) tratteggiata	ҳaṭṭ munaqqaṭ (m)	خط منقط

121. Lingue straniere

lingua (f)	luɣa (f)	لغة
straniero (agg)	aʒnabiy	أجنبيّ
lingua (f) straniera	luɣa aʒnabiyya (f)	لغة أجنبيّة
studiare (vt)	daras	درس
imparare (una lingua)	ta'allam	تعلّم

leggere (vi, vt)	qara'	قرأ
parlare (vi, vt)	takallam	تكلّم
capire (vt)	fahim	فهم
scrivere (vi, vt)	katab	كتب
rapidamente	bi sur'a	بسرعة
lentamente	bi buṭ'	ببطء

correntemente	bi ṭalāqa	بطلاقة
regole (f pl)	qawā'id (pl)	قواعد
grammatica (f)	an naḥw waṣ ṣarf (m)	النحو والصرف
lessico (m)	mufradāt al luɣa (pl)	مفردات اللغة
fonetica (f)	ṣawtīyyāt (pl)	صوتيّات

manuale (m)	kitāb ta'līm (m)	كتاب تعليم
dizionario (m)	qāmūs (m)	قاموس
manuale (m) autodidattico	kitāb ta'līm ðātiy (m)	كتاب تعليم ذاتيّ
frasario (m)	kitāb lil 'ibārāt aʃ ʃā'i'a (m)	كتاب للعبارت الشائعة

cassetta (f)	ʃarīṭ (m)	شريط
videocassetta (f)	ʃarī'ṭ vidiyu (m)	شريط فيديو
CD (m)	si di (m)	سي دي
DVD (m)	di vi di (m)	دي في دي

alfabeto (m)	alifbā' (m)	الفباء
compitare (vt)	tahaʒʒa	تهجّى
pronuncia (f)	nuṭq (m)	نطق

accento (m)	lukna (f)	لكنة
con un accento	bi lukna	بلكنة
senza accento	bi dūn lukna	بدون لكنة

vocabolo (m)	kalima (f)	كلمة
significato (m)	ma'na (m)	معنى

corso (m) (~ di francese)	dawra (f)	دورة
iscriversi (vr)	saʒʒal ismahu	سجّل إسمه
insegnante (m, f)	mudarris (m)	مدرس

traduzione (f) (fare una ~)	tarʒama (f)	ترجمة
traduzione (f) (un testo)	tarʒama (f)	ترجمة
traduttore (m)	mutarʒim (m)	مترجم
interprete (m)	mutarʒim fawriy (m)	مترجم فوريّ

poliglotta (m)	'alīm bi 'iddat luɣāt (m)	عليم بعدّة لغات
memoria (f)	ðākira (f)	ذاكرة

122. Personaggi delle fiabe

Babbo Natale (m)	baba nuwīl (m)	بابا نويل
Cenerentola (f)	sindrīla	سيندريلا
sirena (f)	ḥūriyyat al baḥr (f)	حوريّة البحر
Nettuno (m)	nibtūn (m)	نبتون

mago (m)	sāḥir (m)	ساحر
fata (f)	sāḥira (f)	ساحرة
magico (agg)	siḥriy	سحريّ
bacchetta (f) magica	'aṣa siḥriyya (f)	عصا سحريّة

fiaba (f), favola (f)	ḥikāya ɣayāliyya (f)	حكاية خياليّة
miracolo (m)	mu'ʒiza (f)	معجزة
nano (m)	qazam (m)	قزم

trasformarsi in ...	taḥawwal ila ...	... تحوّل إلى
fantasma (m)	ʃabaḥ (m)	شبح
spettro (m)	ʃabaḥ (m)	شبح
mostro (m)	waḥʃ (m)	وحش
drago (m)	tinnīn (m)	تنّين
gigante (m)	ʿimlāq (m)	عملاق

123. Segni zodiacali

Ariete (m)	burʒ al ḥamal (m)	برج الحمل
Toro (m)	burʒ aθ θawr (m)	برج الثور
Gemelli (m pl)	burʒ al ʒawzāʾ (m)	برج الجوزاء
Cancro (m)	burʒ as saraṭān (m)	برج السرطان
Leone (m)	burʒ al asad (m)	برج الأسد
Vergine (f)	burʒ al ʿaðrāʾ (m)	برج العذراء

Bilancia (f)	burʒ al mīzān (m)	برج الميزان
Scorpione (m)	burʒ al ʿaqrab (m)	برج العقرب
Sagittario (m)	burʒ al qaws (m)	برج القوس
Capricorno (m)	burʒ al ʒaday (m)	برج الجدي
Acquario (m)	burʒ ad dalw (m)	برج الدلو
Pesci (m pl)	burʒ al ḥūt (m)	برج الحوت

carattere (m)	ṭabʿ (m)	طبع
tratti (m pl) del carattere	aṣ ṣifāt aʃ ʃaχṣiyya (pl)	الصفات الشخصيّة
comportamento (m)	sulūk (m)	سلوك
predire il futuro	tanabbaʾ	تنبّأ
cartomante (f)	ʿarrāfa (f)	عرّافة
oroscopo (m)	tawaqquʿāt al abrāʒ (pl)	توقّعات الأبراج

Arte

124. Teatro

teatro (m)	masraḥ (m)	مسرح
opera (f)	ubra (f)	أوبرا
operetta (f)	ubirīt (f)	أوبريت
balletto (m)	balīh (m)	باليه
cartellone (m)	mulṣaq (m)	ملصق
compagnia (f) teatrale	firqa (f)	فرقة
tournée (f)	ʒawlat fannānīn (f)	جولة فنانين
andare in tourn?e	taʒawwal	تجوّل
fare le prove	aʒra bruvāt	أجرى بروفات
prova (f)	brūva (f)	بروفة
repertorio (m)	barnāmaʒ al masraḥ (m)	برنامج المسرح
rappresentazione (f)	adā' fanniy (m)	أداء فنّي
spettacolo (m)	ʿarḍ masraḥiy (m)	عرض مسرحي
opera (f) teatrale	masraḥiyya (f)	مسرحيّة
biglietto (m)	taðkira (f)	تذكرة
botteghino (m)	ʃubbāk at taðākir (m)	شبّاك التذاكر
hall (f)	ṣāla (f)	صالة
guardaroba (f)	ɣurfat al maʿāṭif (f)	غرفة المعاطف
cartellino (m) del guardaroba	biṭāqat 'īdā' al maʿāṭif (f)	بطاقة إيداع المعاطف
binocolo (m)	minẓār (m)	منظار
maschera (f)	ḥāʒib (m)	حاجب
platea (f)	karāsi al urkistra (pl)	كراسي الأوركسترا
balconata (f)	balakūna (f)	بلكونة
prima galleria (f)	ʃurfa (f)	شرفة
palco (m)	lūʒ (m)	لوج
fila (f)	ṣaff (m)	صفّ
posto (m)	maq'ad (m)	مقعد
pubblico (m)	ʒumhūr (m)	جمهور
spettatore (m)	muʃāhid (m)	مشاهد
battere le mani	ṣaffaq	صفّق
applauso (m)	taṣfīq (m)	تصفيق
ovazione (f)	taṣfīq ḥārr (m)	تصفيق حارّ
palcoscenico (m)	xaʃabat al masraḥ (f)	خشبة المسرح
sipario (m)	sitāra (f)	ستارة
scenografia (f)	dikūr (m)	ديكور
quinte (f pl)	kawalīs (pl)	كواليس
scena (f) (l'ultima ~)	maʃhad (m)	مشهد
atto (m)	faṣl (m)	فصل
intervallo (m)	istirāḥa (f)	إستراحة

125. Cinema

| attore (m) | mumaθθil (m) | ممثّل |
| attrice (f) | mumaθθila (f) | ممثّلة |

cinema (m) (industria)	sinima (f)	سينما
film (m)	film sinimā'iy (m)	فيلم سينمائيّ
puntata (f)	ʒuz' min al film (m)	جزء من الفيلم

film (m) giallo	film bulīsiy (m)	فيلم بوليسيّ
film (m) d'azione	film ḥaraka (m)	فيلم حركة
film (m) d'avventure	film muɣāmarāt (m)	فيلم مغامرات
film (m) di fantascienza	film xayāl 'ilmiy (m)	فيلم خيال علميّ
film (m) d'orrore	film ru'b (m)	فيلم رعب

film (m) comico	film kumīdiya (f)	فيلم كوميديا
melodramma (m)	miludrāma (m)	ميلودراما
dramma (m)	drāma (f)	دراما

film (m) a soggetto	film fanniy (m)	فيلم فنّيّ
documentario (m)	film waθā'iqiy (m)	فيلم وثائقيّ
cartoni (m pl) animati	film kartūn (m)	فيلم كرتون
cinema (m) muto	sinima ṣāmita (f)	سينما صامتة

parte (f)	dawr (m)	دور
parte (f) principale	dawr ra'īsi (m)	دور رئيسي
recitare (vi, vt)	maθθal	مثّل

star (f), stella (f)	naʒm sinimā'iy (m)	نجم سينمائيّ
noto (agg)	ma'rūf	معروف
famoso (agg)	maʃhūr	مشهور
popolare (agg)	maḥbūb	محبوب

sceneggiatura (m)	sināriyu (m)	سيناريو
sceneggiatore (m)	kātib sināriyu (m)	كاتب سيناريو
regista (m)	muxriʒ (m)	مخرج
produttore (m)	muntiʒ (m)	منتج
assistente (m)	musā'id (m)	مساعد
cameraman (m)	muṣawwir (m)	مصوّر
cascatore (m)	mu'addi maʃahid xaṭīra (m)	مؤدّي مشاهد خطيرة
controfigura (f)	mumaθθil badīl (m)	ممثّل بديل

girare un film	ṣawwar film	صوّر فيلمًا
provino (m)	taʒribat adā' (f)	تجربة أداء
ripresa (f)	taswīr (m)	تصوير
troupe (f) cinematografica	ṭāqim al film (m)	طاقم الفيلم
set (m)	mintaqat at taswīr (f)	منطقة التصوير
cinepresa (f)	kamira sinimā'iyya (f)	كاميرا سينمائيّة

cinema (m) (~ all'aperto)	sinima (f)	سينما
schermo (m)	ʃāʃa (f)	شاشة
proiettare un film	'araḍ film	عرض فيلمًا

| colonna (f) sonora | musīqa taswīriyya (f) | موسيقى تصويريّة |
| effetti (m pl) speciali | mu'aθθirāt xāṣṣa (pl) | مؤثّرات خاصّة |

114

sottotitoli (m pl)	tarʒamat al ḥiwār (f)	ترجمة الحوار
titoli (m pl) di coda	ʃārat an nihāya (f)	شارة النهاية
traduzione (f)	tarʒama (f)	ترجمة

126. Pittura

arte (f)	fann (m)	فنّ
belle arti (f pl)	funūn ʒamīla (pl)	فنون جميلة
galleria (f) d'arte	ma'raḍ fanniy (m)	معرض فنّيّ
mostra (f)	ma'raḍ fanniy (m)	معرض فنّيّ
pittura (f)	taṣwīr (m)	تصوير
grafica (f)	rusūmiyyāt (pl)	رسوميّات
astrattismo (m)	fann taʒrīdiy (m)	فنّ تجريديّ
impressionismo (m)	al intibā'iyya (f)	الإنطباعيّة
quadro (m)	lawḥa (f)	لوحة
disegno (m)	rasm (m)	رسم
cartellone, poster (m)	mulṣaq i'lāniy (m)	ملصق إعلانيّ
illustrazione (f)	rasm tawḍīḥiy (m)	رسم توضيحيّ
miniatura (f)	ṣūra muṣaɣɣara (f)	صورة مصغّرة
copia (f)	nusχa (f)	نسخة
riproduzione (f)	nusχa ṭibq al aṣl (f)	نسخة طبق الأصل
mosaico (m)	fusayfisā' (f)	فسيفساء
vetrata (f)	zuʒāʒ mu'aʃʃaq (m)	زجاج معشّق
affresco (m)	taṣwīr ʒiṣṣiy (m)	تصوير جصّيّ
incisione (f)	naqʃ (m)	نقش
busto (m)	timθāl niṣfiy (m)	تمثال نصفيّ
scultura (f)	naḥt (m)	نحت
statua (f)	timθāl (m)	تمثال
gesso (m)	ʒībs (m)	جبس
in gesso	min al ʒībs	من الجبس
ritratto (m)	burtrī (m)	بورتريه
autoritratto (m)	burtrīh ðātiy (m)	بورتريه ذاتيّ
paesaggio (m)	lawḥat manẓar ṭabī'iy (f)	لوحة منظر طبيعيّ
natura (f) morta	ṭabī'a ṣāmita (f)	طبيعة صامتة
caricatura (f)	ṣūra karikaturiyya (f)	صورة كاريكاتوريّة
abbozzo (m)	rasm tamhīdiy (m)	رسم تمهيديّ
colore (m)	lawn (m)	لون
acquerello (m)	alwān mā'iyya (m)	ألوان مائية
olio (m)	zayt (m)	زيت
matita (f)	qalam ruṣāṣ (m)	قلم رصاص
inchiostro (m) di china	ḥibr hindiy (m)	حبر هنديّ
carbone (m)	faḥm (m)	فحم
disegnare (a matita)	rasam	رسم
dipingere (un quadro)	rasam	رسم
posare (vi)	qa'ad	قعد
modello (m)	mudil ḥay (m)	موديل حيّ

modella (f)	mudil ḥay (m)	موديل حيّ
pittore (m)	rassām (m)	رسّام
opera (f) d'arte	'amal fanniy (m)	عمل فنّيّ
capolavoro (m)	tuḥfa fanniyya (f)	تحفة فنّية
laboratorio (m) (di artigiano)	warʃa (f)	ورشة

tela (f)	kanava (f)	كانفا
cavalletto (m)	musnad ar rasm (m)	مسند الرسم
tavolozza (f)	lawḥat al alwān (f)	لوحة الألوان

cornice (f) (~ di un quadro)	iṭār (m)	إطار
restauro (m)	tarmīm (m)	ترميم
restaurare (vt)	rammam	رمّم

127. Letteratura e poesia

letteratura (f)	adab (m)	أدب
autore (m)	mu'allif (m)	مؤلّف
pseudonimo (m)	ism musta'ār (m)	إسم مستعار

libro (m)	kitāb (m)	كتاب
volume (m)	muʒallad (m)	مجلّد
sommario (m), indice (m)	fihris (m)	فهرس
pagina (f)	ṣafḥa (f)	صفحة
protagonista (m)	aʃ ʃaxṣiyya ar ra'īsiyya (f)	الشخصيّة الرئيسيّة
autografo (m)	tawqī' al mu'allif (m)	توقيع المؤلّف

racconto (m)	qiṣṣa qaṣīra (f)	قصّة قصيرة
romanzo (m) breve	qiṣṣa (f)	قصّة
romanzo (m)	riwāya (f)	رواية
opera (f) (~ letteraria)	mu'allif (m)	مؤلّف
favola (f)	ḥikāya (f)	حكاية
giallo (m)	riwāya bulīsiyya (f)	رواية بوليسيّة

verso (m)	qaṣīda (f)	قصيدة
poesia (f) (~ lirica)	ʃi'r (m)	شعر
poema (m)	qaṣīda (f)	قصيدة
poeta (m)	ʃā'ir (m)	شاعر

narrativa (f)	adab ʒamīl (m)	أدب جميل
fantascienza (f)	xayāl 'ilmiy (m)	خيال علميّ
avventure (f pl)	adab al muʒāmarāt (m)	أدب المغامرات
letteratura (f) formativa	adab tarbawiy (m)	أدب تربويّ
libri (m pl) per l'infanzia	adab al aṭfāl (m)	أدب الأطفال

128. Circo

circo (m)	sirk (m)	سيرك
tendone (m) del circo	sirk mutanaqqil (m)	سيرك متنقّل
programma (m)	barnāmaʒ (m)	برنامج
spettacolo (m)	adā' fanniy (m)	أداء فنّيّ
numero (m)	dawr (m)	دور

arena (f)	ḥalbat as sirk (f)	حلبة السيرك
pantomima (m)	'arḍ 'īmā'y (m)	عرض إيمائي
pagliaccio (m)	muharriʒ (m)	مهرّج

acrobata (m)	bahlawān (m)	بهلوان
acrobatica (f)	al'āb bahlawāniyya (f)	ألعاب بهلوانيّة
ginnasta (m)	lā'ib ʒumbāz (m)	لاعب جنباز
ginnastica (m)	ʒumbāz (m)	جنباز
salto (m) mortale	ʃaqlaba (f)	شقلبة

forzuto (m)	lā'ib riyāḍiy (m)	لاعب رياضيّ
domatore (m)	murawwiḍ (m)	مروّض
cavallerizzo (m)	fāris (m)	فارس
assistente (m)	musā'id (m)	مساعد

acrobazia (f)	al'āb bahlawāniyya (f)	ألعاب بهلوانيّة
gioco (m) di prestigio	xid'a siḥriyya (f)	خدعة سحريّة
prestigiatore (m)	sāḥir (m)	ساحر

giocoliere (m)	bahlawān (m)	بهلوان
giocolare (vi)	la'ib bi kurāt 'adīda	لعب بكرات عديدة
ammaestratore (m)	mudarrib ḥayawānāt (m)	مدرّب حيوانات
ammaestramento (m)	tadrīb al ḥayawānāt (m)	تدريب الحيوانات
ammaestrare (vt)	darrab	درّب

129. Musica. Musica pop

musica (f)	musīqa (f)	موسيقى
musicista (m)	'āzif (m)	عازف
strumento (m) musicale	'āla musiqiyya (f)	آلة موسيقيّة
suonare …	'azaf …	عزف...

chitarra (f)	gitār (m)	جيتار
violino (m)	kamān (m)	كمان
violoncello (m)	tʃīlu (m)	تشيلو
contrabbasso (m)	kamān aʒhar (m)	كمان أجهر
arpa (f)	qiθār (m)	قيثار

pianoforte (m)	biānu (m)	بيانو
pianoforte (m) a coda	biānu kibīr (m)	بيانو كبير
organo (m)	arɣan (m)	أرغن

strumenti (m pl) a fiato	'ālāt nafxiyya (pl)	آلات نفخيّة
oboe (m)	ubwa (m)	أوبوا
sassofono (m)	saksufūn (m)	ساكسوفون
clarinetto (m)	klarnīt (m)	كلارنيت
flauto (m)	flut (m)	فلوت
tromba (f)	būq (m)	بوق

fisarmonica (f)	ukurdiūn (m)	أكورديون
tamburo (m)	ṭabla (f)	طبلة

duetto (m)	θunā'iy (m)	ثنائيّ
trio (m)	θulāθy (m)	ثلاثيّ

Italiano	Traslitterazione	Arabo
quartetto (m)	rubā'iy (m)	رباعيّ
coro (m)	χūrus (m)	خورس
orchestra (f)	urkistra (f)	أوركسترا
musica (f) pop	musīqa al bub (f)	موسيقى البوب
musica (f) rock	musīqa ar rūk (f)	موسيقى الروك
gruppo (m) rock	firqat ar rūk (f)	فرقة الروك
jazz (m)	ʒāz (m)	جاز
idolo (m)	ma'būd (m)	معبود
ammiratore (m)	mu'ʒab (m)	معجب
concerto (m)	ḥafla mūsiqiyya (f)	حفلة موسيقيّة
sinfonia (f)	simfūniyya (f)	سمفونيّة
composizione (f)	qiṭ'a mūsiqiyya (f)	قطعة موسيقيّة
comporre (vt), scrivere (vt)	allaf	ألّف
canto (m)	χinā' (m)	غناء
canzone (f)	uχniyya (f)	أغنيّة
melodia (f)	laḥn (m)	لحن
ritmo (m)	'īqā' (m)	إيقاع
blues (m)	musīqa al blūz (f)	موسيقى البلوز
note (f pl)	nutāt (pl)	نوتات
bacchetta (f)	'aṣa al mayistru (m)	عصا المايسترو
arco (m)	qaws (m)	قوس
corda (f)	watar (m)	وتر
custodia (f) (~ della chitarra)	ʃanṭa (f)	شنطة

Ristorante. Intrattenimento. Viaggi

130. Escursione. Viaggio

turismo (m)	siyāḥa (f)	سياحة
turista (m)	sā'iḥ (m)	سائح
viaggio (m) (all'estero)	riḥla (f)	رحلة
avventura (f)	muɣāmara (f)	مغامرة
viaggio (m) (corto)	riḥla (f)	رحلة
vacanza (f)	'uṭla (f)	عطلة
essere in vacanza	'indahu 'uṭla	عنده عطلة
riposo (m)	istirāḥa (f)	إستراحة
treno (m)	qiṭār (m)	قطار
in treno	bil qiṭār	بالقطار
aereo (m)	ṭā'ira (f)	طائرة
in aereo	biṭ ṭā'ira	بالطائرة
in macchina	bis sayyāra	بالسيّارة
in nave	bis safīna	بالسفينة
bagaglio (m)	aʃʃunaṭ (pl)	الشنط
valigia (f)	ḥaqībat safar (f)	حقيبة سفر
carrello (m)	'arabat ʃunaṭ (f)	عربة شنط
passaporto (m)	ʒawāz as safar (m)	جواز السفر
visto (m)	ta'ʃīra (f)	تأشيرة
biglietto (m)	taðkira (f)	تذكرة
biglietto (m) aereo	taðkirat ṭā'ira (f)	تذكرة طائرة
guida (f)	dalīl (m)	دليل
carta (f) geografica	xarīṭa (f)	خريطة
località (f)	mintaqa (f)	منطقة
luogo (m)	makān (m)	مكان
ogetti (m pl) esotici	ɣarāba (f)	غرابة
esotico (agg)	ɣarīb	غريب
sorprendente (agg)	mudhiʃ	مدهش
gruppo (m)	maʒmū'a (f)	مجموعة
escursione (f)	ʒawla (f)	جولة
guida (f) (cicerone)	murʃid (m)	مرشد

131. Hotel

albergo (m)	funduq (m)	فندق
motel (m)	mutīl (m)	موتيل
tre stelle	θalāθat nuʒūm	ثلاثة نجوم

cinque stelle	xamsat nuʒūm	خمسة نجوم
alloggiare (vi)	nazal	نزل

camera (f)	ɣurfa (f)	غرفة
camera (f) singola	ɣurfa li ʃaxṣ wāḥid (f)	غرفة لشخص واحد
camera (f) doppia	ɣurfa li ʃaxṣayn (f)	غرفة لشخصين
prenotare una camera	ḥaʒaz ɣurfa	حجز غرفة

mezza pensione (f)	waʒbitān fil yawm (du)	وجبتان في اليوم
pensione (f) completa	θalāθ waʒabāt fil yawm	ثلاث وجبات في اليوم

con bagno	bi ḥawḍ al istiḥmām	بحوض الإستحمام
con doccia	bid duʃ	بالدوش
televisione (f) satellitare	tilivizyūn faḍā'iy (m)	تلفزيون فضائي
condizionatore (m)	takyīf (m)	تكييف
asciugamano (m)	fūṭa (f)	فوطة
chiave (f)	miftāḥ (m)	مفتاح

amministratore (m)	mudīr (m)	مدير
cameriera (f)	'āmilat tanẓīf ɣuraf (f)	عاملة تنظيف غرف
portabagagli (m)	ḥammāl (m)	حمّال
portiere (m)	bawwāb (m)	بوّاب

ristorante (m)	maṭ'am (m)	مطعم
bar (m)	bār (m)	بار
colazione (f)	fuṭūr (m)	فطور
cena (f)	'aʃā' (m)	عشاء
buffet (m)	bufīh (m)	بوفيه

hall (f) (atrio d'ingresso)	radha (f)	ردهة
ascensore (m)	miṣ'ad (m)	مصعد

NON DISTURBARE	ar raʒā' 'adam al iz'āʒ	الرجاء عدم الإزعاج
VIETATO FUMARE!	mamnū' at tadxīn	ممنوع التدخين

132. Libri. Lettura

libro (m)	kitāb (m)	كتاب
autore (m)	mu'allif (m)	مؤلف
scrittore (m)	kātib (m)	كاتب
scrivere (vi, vt)	allaf	ألف

lettore (m)	qāri' (m)	قارئ
leggere (vi, vt)	qara'	قرأ
lettura (f) (sala di ~)	qirā'a (f)	قراءة

in silenzio (leggere ~)	sirran	سرًّا
ad alta voce	bi ṣawt 'āli	بصوت عال

pubblicare (vt)	naʃar	نشر
pubblicazione (f)	naʃr (m)	نشر
editore (m)	nāʃir (m)	ناشر
casa (f) editrice	dār aṭ ṭibā'a wan naʃr (f)	دار الطباعة والنشر
uscire (vi)	ṣadar	صدر

| uscita (f) | ṣudūr (m) | صدور |
| tiratura (f) | ʿadad an nusaχ (m) | عدد النسخ |

| libreria (f) | maḥall kutub (m) | محل كتب |
| biblioteca (f) | maktaba (f) | مكتبة |

romanzo (m) breve	qiṣṣa (f)	قصّة
racconto (m)	qiṣṣa qaṣīra (f)	قصّة قصيرة
romanzo (m)	riwāya (f)	رواية
giallo (m)	riwāya bulīsiyya (f)	رواية بوليسيّة

memorie (f pl)	muðakkirāt (pl)	مذكّرات
leggenda (f)	usṭūra (f)	أسطورة
mito (m)	χurāfa (f)	خرافة

poesia (f), versi (m pl)	ʃiʿr (m)	شعر
autobiografia (f)	sīrat ḥayāt (f)	سيرة حياة
opere (f pl) scelte	muχtārāt (pl)	مختارات
fantascienza (f)	χayāl ʿilmiy (m)	خيال علميّ

titolo (m)	ʿunwān (m)	عنوان
introduzione (f)	muqaddima (f)	مقدّمة
frontespizio (m)	ṣafḥat al ʿunwān (f)	صفحة العنوان

capitolo (m)	faṣl (m)	فصل
frammento (m)	qiṭʿa (f)	قطعة
episodio (m)	maʃhad (m)	مشهد

soggetto (m)	mawdūʿ (m)	موضوع
contenuto (m)	muḥtawayāt (pl)	محتويات
sommario (m)	fihris (m)	فهرس
protagonista (m)	aʃ ʃaχṣiyya ar raʾīsiyya (f)	الشخصيّة الرئيسيّة

volume (m)	muʒallad (m)	مجلّد
copertina (f)	ɣilāf (m)	غلاف
rilegatura (f)	taʒlīd (m)	تجليد
segnalibro (m)	ʃarīṭ (m)	شريط

pagina (f)	ṣafḥa (f)	صفحة
sfogliare (~ le pagine)	qallab aṣ ṣafaḥāt	قلّب الصفحات
margini (m pl)	hāmiʃ (m)	هامش
annotazione (f)	mulāḥaza (f)	ملاحظة
nota (f) (a fondo pagina)	mulāḥaza (f)	ملاحظة

testo (m)	naṣṣ (m)	نصّ
carattere (m)	nawʿ al χaṭṭ (m)	نوع الخطّ
refuso (m)	χaṭaʾ matbaʿiy (m)	خطأ مطبعيّ

traduzione (f)	tarʒama (f)	ترجمة
tradurre (vt)	tarʒam	ترجم
originale (m) (leggere l'~)	aṣliy (m)	أصليّ

famoso (agg)	maʃhūr	مشهور
sconosciuto (agg)	ɣayr maʿrūf	غير معروف
interessante (agg)	mumtiʿ	ممتع
best seller (m)	akθar mabīʿan (m)	أكثر مبيعًا

dizionario (m)	qāmūs (m)	قاموس
manuale (m)	kitāb ta'līm (m)	كتاب تعليم
enciclopedia (f)	mawsū'a (f)	موسوعة

133. Caccia. Pesca

caccia (f)	ṣayd (m)	صيد
cacciare (vt)	iṣṭād	إصطاد
cacciatore (m)	ṣayyād (m)	صيّاد

sparare (vi)	aṭlaq an nār	أطلق النار
fucile (m)	bunduqiyya (f)	بندقية
cartuccia (f)	ruṣāṣa (f)	رصاصة
pallini (m pl) da caccia	raʃʃ (m)	رش

tagliola (f) (~ per orsi)	maṣyada (f)	مصيدة
trappola (f) (~ per uccelli)	faχχ (m)	فخ
cadere in trappola	waqaʻ fi faχχ	وقع في فخ
tendere una trappola	naṣab faχχ	نصب فخا

bracconiere (m)	sāriq aṣ ṣayd (m)	سارق الصيد
cacciagione (m)	ṣayd (m)	صيد
cane (m) da caccia	kalb ṣayd (m)	كلب صيد
safari (m)	safāri (m)	سفاري
animale (m) impagliato	ḥayawān muḥannaṭ (m)	حيوان محنط

pescatore (m)	ṣayyād as samak (m)	صيّاد السمك
pesca (f)	ṣayd as samak (m)	صيد السمك
pescare (vi)	iṣṭād as samak	إصطاد السمك

canna (f) da pesca	ṣannāra (f)	صنّارة
lenza (f)	χayṭ (m)	خيط
amo (m)	ʃaṣṣ aṣ ṣayd (m)	شص الصيد

| galleggiante (m) | 'awwāma (f) | عوّامة |
| esca (f) | ṭu'm (m) | طعم |

| lanciare la canna | ṭaraḥ aṣ ṣinnāra | طرح الصنّارة |
| abboccare (pesce) | 'aḍḍ | عض |

| pescato (m) | as samak al muṣṭād (m) | السمك المصطاد |
| buco (m) nel ghiaccio | fatḥa fil ȝalīd (f) | فتحة في الجليد |

rete (f)	ʃabakat aṣ ṣayd (f)	شبكة الصيد
barca (f)	markab (m)	مركب
prendere con la rete	iṣṭād biʃ ʃabaka	إصطاد بالشبكة
gettare la rete	rama ʃabaka	رمى شبكة

| tirare le reti | aχraȝ ʃabaka | أخرج شبكة |
| cadere nella rete | waqaʻ fi ʃabaka | وقع في شبكة |

baleniere (m)	ṣayyād al ḥūt (m)	صيّاد الحوت
baleniera (f) (nave)	safinat ṣayd al ḥītān (f)	سفينة صيد الحيتان
rampone (m)	ḥarba (f)	حربة

122

134. Ciochi. Biliardo

biliardo (m)	bilyārdu (m)	بلياردو
sala (f) da biliardo	qā'at bilyārdu (m)	قاعة بلياردو
bilia (f)	kura (f)	كرة
imbucare (vt)	aṣqaṭ kura	أصقط كرة
stecca (f) da biliardo	'aṣa bilyardu (f)	عصا بلياردو
buca (f)	ʒayb bilyārdu (m)	جيب بلياردو

135. Giochi. Carte da gioco

quadri (m pl)	ad dināriy (m)	الديناريّ
picche (f pl)	al bastūniy (m)	البستونيّ
cuori (m pl)	al kūba (f)	الكوبة
fiori (m pl)	as sibātiy (m)	السباتيّ
asso (m)	'ās (m)	آس
re (m)	malik (m)	ملك
donna (f)	malika (f)	ملكة
fante (m)	walad (m)	ولد
carta (f) da gioco	waraqa (f)	ورقة
carte (f pl)	waraq (m)	ورق
briscola (f)	waraqa rābiḥa (f)	ورقة رابحة
mazzo (m) di carte	dasta waraq al la'b (f)	دستة ورق اللعب
punto (m)	nuqta (f)	نقطة
dare le carte	farraq	فرّق
mescolare (~ le carte)	✗allaṭ	خلّط
turno (m)	dawr (m)	دور
baro (m)	muḥtāl fil qimār (m)	محتال في القمار

136. Riposo. Giochi. Varie

passeggiare (vi)	tanazzah	تنزّه
passeggiata (f)	tanazzuh (m)	تنزّه
gita (f)	ʒawla bis sayyāra (f)	جولة بالسيّارة
avventura (f)	muɣāmara (f)	مغامرة
picnic (m)	nuzha (f)	نزهة
gioco (m)	lu'ba (f)	لعبة
giocatore (m)	lā'ib (m)	لاعب
partita (f) (~ a scacchi)	dawr (m)	دور
collezionista (m)	ʒāmi' (m)	جامع
collezionare (vt)	ʒama'	جمع
collezione (f)	maʒmū'a (f)	مجموعة
cruciverba (m)	kalimāt mutaqāṭi'a (pl)	كلمات متقاطعة
ippodromo (m)	ḥalbat sibāq al ✗uyūl (f)	حلبة سباق الخيول

discoteca (f)	disku (m)	ديسكو
sauna (f)	sāuna (f)	ساونا
lotteria (f)	yanaṣīb (m)	يانصيب

campeggio (m)	riḥlat taχyīm (f)	رحلة تخييم
campo (m)	muχayyam (m)	مخيّم
tenda (f) da campeggio	χayma (f)	خيمة
bussola (f)	būṣila (f)	بوصلة
campeggiatore (m)	muχayyim (m)	مخيّم

guardare (~ un film)	ʃāhid	شاهد
telespettatore (m)	muʃāhid (m)	مشاهد
trasmissione (f)	barnāmaʒ tiliviziyūniy (m)	برنامج تليفزيوني

137. Fotografia

| macchina (f) fotografica | kamira (f) | كاميرا |
| fotografia (f) | ṣūra (f) | صورة |

fotografo (m)	muṣawwir (m)	مصوّر
studio (m) fotografico	istūdiyu taṣwīr (m)	إستوديو تصوير
album (m) di fotografie	albūm aṣ ṣuwar (m)	ألبوم الصور

obiettivo (m)	ʿadasa (f)	عدسة
teleobiettivo (m)	ʿadasa tiliskūpiyya (f)	عدسة تلسكوبيّة
filtro (m)	filtir (m)	فلتر
lente (f)	ʿadasa (f)	عدسة

ottica (f)	aʒhiza baṣariyya (pl)	أجهزة بصريّة
diaframma (m)	bu'ra (f)	بؤرة
tempo (m) di esposizione	muddat at taʿrīḍ (f)	مدة التعريض
mirino (m)	al ʿayn al fāḥiṣa (f)	العين الفاحصة

fotocamera (f) digitale	kamira raqmiyya (f)	كاميرا رقميّة
cavalletto (m)	ḥāmil θulāθiy (m)	حامل ثلاثي
flash (m)	flāʃ (m)	فلاش

fotografare (vt)	ṣawwar	صوّر
fare foto	ṣawwar	صوّر
fotografarsi	taṣawwar	تصوّر

fuoco (m)	bu'rat al ʿadasa (f)	بؤرة العدسة
mettere a fuoco	rakkaz	ركّز
nitido (agg)	wāḍiḥ	واضح
nitidezza (f)	wuḍūḥ (m)	وضوح

| contrasto (m) | tabāyun (m) | تباين |
| contrastato (agg) | mutabāyin | متباين |

foto (f)	ṣūra (f)	صورة
negativa (f)	ṣūra sāliba (f)	صورة سالبة
pellicola (f) fotografica	film (m)	فيلم
fotogramma (m)	iṭār (m)	إطار
stampare (~ le foto)	ṭabaʿ	طبع

138. Spiaggia. Nuoto

spiaggia (f)	ʃāṭi' (m)	شاطئ
sabbia (f)	raml (m)	رمل
deserto (agg)	mahʒūr	مهجور
abbronzatura (f)	sumrat al baʃara (f)	سمرة البشرة
abbronzarsi (vr)	taʃammas	تشمّس
abbronzato (agg)	asmar	أسمر
crema (f) solare	krīm wāqi aʃ ʃams (m)	كريم واقي الشمس
bikini (m)	bikini (m)	بكيني
costume (m) da bagno	libās sibāḥa (m)	لباس سباحة
slip (m) da bagno	libās sibāḥa riʒāliy (m)	لباس سباحة رجاليّ
piscina (f)	masbaḥ (m)	مسبح
nuotare (vi)	sabaḥ	سبح
doccia (f)	dūʃ (m)	دوش
cambiarsi (~ i vestiti)	ɣayyar libāsuh	غيّر لباسه
asciugamano (m)	fūṭa (f)	فوطة
barca (f)	markab (m)	مركب
motoscafo (m)	lanʃ (m)	لنش
sci (m) nautico	tazalluʒ 'alal mā' (m)	تزلج على الماء
pedalò (m)	'aʒala mā'iyya (f)	عجلة مائيّة
surf (m)	rukūb al amwāʒ (m)	ركوب الأمواج
surfista (m)	rākib al amwāʒ (m)	راكب الأمواج
autorespiratore (m)	ʒihāz at tanaffus (m)	جهاز التنفّس
pinne (f pl)	za'ānif as sibāḥa (pl)	زعانف السباحة
maschera (f)	kimāma (f)	كمامة
subacqueo (m)	ɣawwāṣ (m)	غوّاص
tuffarsi (vr)	ɣāṣ	غاص
sott'acqua	taḥt al mā'	تحت الماء
ombrellone (m)	ʃamsiyya (f)	شمسيّة
sdraio (f)	kursiy blāʒ (m)	كرسيّ بلاج
occhiali (m pl) da sole	nazzārat ʃams (f)	نظارة شمس
materasso (m) ad aria	martaba hawā'iyya (f)	مرتبة هوائيّة
giocare (vi)	la'ib	لعب
fare il bagno	sabaḥ	سبح
pallone (m)	kura (f)	كرة
gonfiare (vt)	nafaχ	نفخ
gonfiabile (agg)	qābil lin nafχ	قابل للنفخ
onda (f)	mawʒa (f)	موجة
boa (f)	ʃamandūra (f)	شمندورة
annegare (vi)	ɣariq	غرق
salvare (vt)	anqað	أنقذ
giubbotto (m) di salvataggio	sutrat naʒāt (f)	سترة نجاة
osservare (vt)	rāqab	راقب
bagnino (m)	ḥāris ʃāṭi' (m)	حارس شاطئ

125

ATTREZZATURA TECNICA. MEZZI DI TRASPORTO

Attrezzatura tecnica

139. Computer

Italiano	Traslitterazione	Arabo
computer (m)	kumbyūtir (m)	كمبيوتر
computer (m) portatile	kumbyūtir maḥmūl (m)	كمبيوتر محمول
accendere (vt)	ʃaɣɣal	شغّل
spegnere (vt)	aɣlaq	أغلق
tastiera (f)	lawḥat al mafātīḥ (f)	لوحة المفاتيح
tasto (m)	miftāḥ (m)	مفتاح
mouse (m)	faʾra (f)	فأرة
tappetino (m) del mouse	wisādat faʾra (f)	وسادة فأرة
tasto (m)	zirr (m)	زرّ
cursore (m)	muʾaʃʃir (m)	مؤشر
monitor (m)	ʃāʃa (f)	شاشة
schermo (m)	ʃāʃa (f)	شاشة
disco (m) rigido	qurṣ ṣalib (m)	قرص صلب
spazio (m) sul disco rigido	siʿat taxzīn (f)	سعة تخزين
memoria (f)	ðākira (f)	ذاكرة
memoria (f) operativa	ðākirat al wuṣūl al ʿaʃwāʾiy (f)	ذاكرة الوصول العشوائيّ
file (m)	malaff (m)	ملفّ
cartella (f)	ḥāfiẓa (m)	حافظة
aprire (vt)	fataḥ	فتح
chiudere (vt)	aɣlaq	أغلق
salvare (vt)	ḥafaẓ	حفظ
eliminare (vt)	masaḥ	مسح
copiare (vt)	nasax	نسخ
ordinare (vt)	ṣannaf	صنّف
trasferire (vt)	naqal	نقل
programma (m)	barnāmaʒ (m)	برنامج
software (m)	barāmiʒ kumbyūtir (pl)	برامج كمبيوتر
programmatore (m)	mubarmiʒ (m)	مبرمج
programmare (vt)	barmaʒ	برمج
hacker (m)	hākir (m)	هاكر
password (f)	kalimat as sirr (f)	كلمة السرّ
virus (m)	virūs (m)	فيروس
trovare (un virus, ecc.)	waʒad	وجد
byte (m)	bayt (m)	بايت

megabyte (m)	miʒabāyt (m)	ميجابايت
dati (m pl)	bayānāt (pl)	بيانات
database (m)	qaʿidat bayānāt (f)	قاعدة بيانات

cavo (m)	kābil (m)	كابل
sconnettere (vt)	faṣal	فصل
collegare (vt)	waṣṣal	وصّل

140. Internet. Posta elettronica

internet (f)	intirnit (m)	إنترنت
navigatore (m)	mutaṣaffiḥ (m)	متصفح
motore (m) di ricerca	muḥarrik baḥθ (m)	محرّك بحث
provider (m)	ʃarikat al intirnīt (f)	شركة الإنترنيت

webmaster (m)	mudīr al mawqiʿ (m)	مدير الموقع
sito web (m)	mawqiʿ iliktrūniy (m)	موقع إلكتروني
pagina web (f)	ṣafḥat wīb (f)	صفحة ويب

indirizzo (m)	ʿunwān (m)	عنوان
rubrica (f) indirizzi	daftar al ʿanāwīn (m)	دفتر العناوين

casella (f) di posta	ṣundūq al barīd (m)	صندوق البريد
posta (f)	barīd (m)	بريد
troppo piena (agg)	mumtaliʾ	ممتلىء

messaggio (m)	risāla iliktrūniyya (f)	رسالة إلكترونيّة
messaggi (m pl) in arrivo	rasaʾil wārida (pl)	رسائل واردة
messaggi (m pl) in uscita	rasaʾil ṣādira (pl)	رسائل صادرة
mittente (m)	mursil (m)	مرسل
inviare (vt)	arsal	أرسل
invio (m)	irsāl (m)	إرسال
destinatario (m)	mursal ilayh (m)	مرسل إليه
ricevere (vt)	istalam	إستلم

corrispondenza (f)	murāsala (f)	مراسلة
essere in corrispondenza	tarāsal	تراسل

file (m)	malaff (m)	ملفّ
scaricare (vt)	ḥammal	حمّل
creare (vt)	anʃaʾ	أنشأ
eliminare (vt)	masaḥ	مسح
eliminato (agg)	mamsūḥ	ممسوح

connessione (f)	ittiṣāl (m)	إتّصال
velocità (f)	surʿa (f)	سرعة
modem (m)	mudim (m)	مودم
accesso (m)	wuṣūl (m)	وصول
porta (f)	maxraʒ (m)	مخرج

collegamento (m)	ittiṣāl (m)	إتّصال
collegarsi a ...	ittaṣal	إتّصل
scegliere (vt)	ixtār	إختار
cercare (vt)	baḥaθ	بحث

Mezzi di trasporto

141. Aeroplano

aereo (m)	ṭā'ira (f)	طائرة
biglietto (m) aereo	taðkirat ṭā'ira (f)	تذكرة طائرة
compagnia (f) aerea	farikat ṭayarān (f)	شركة طيران
aeroporto (m)	maṭār (m)	مطار
supersonico (agg)	xāriq liṣ ṣawt	خارق للصوت

comandante (m)	qā'id aṭ ṭā'ira (m)	قائد الطائرة
equipaggio (m)	ṭāqim (m)	طاقم
pilota (m)	ṭayyār (m)	طيّار
hostess (f)	muḍīfat ṭayarān (f)	مضيفة طيران
navigatore (m)	mallāḥ (m)	ملّاح

ali (f pl)	aӡniḥa (pl)	أجنحة
coda (f)	ðayl (m)	ذيل
cabina (f)	kabīna (f)	كابينة
motore (m)	mutūr (m)	موتور
carrello (m) d'atterraggio	'aӡalāt al hubūṭ (pl)	عجلات الهبوط
turbina (f)	turbīna (f)	تربينة

elica (f)	mirwaḥa (f)	مروحة
scatola (f) nera	musaӡӡil aṭ ṭayarān (m)	مسجّل الطيران
barra (f) di comando	'aӡalat qiyāda (f)	عجلة قيادة
combustibile (m)	wuqūd (m)	وقود

safety card (f)	biṭāqat as salāma (f)	بطاقة السلامة
maschera (f) ad ossigeno	qinā' uksiӡīn (m)	قناع أوكسيجين
uniforme (f)	libās muwaḥḥad (m)	لباس موحّد

giubbotto (m) di salvataggio	sutrat naӡāt (f)	سترة نجاة
paracadute (m)	miӡallat hubūṭ (f)	مظلّة هبوط

decollo (m)	iqlā' (m)	إقلاع
decollare (vi)	aqla'at	أقلعت
pista (f) di decollo	madraӡ aṭ ṭā'irāt (m)	مدرج الطائرات

visibilità (f)	ru'ya (f)	رؤية
volo (m)	ṭayarān (m)	طيران

altitudine (f)	irtifā' (m)	إرتفاع
vuoto (m) d'aria	ӡayb hawā'iy (m)	جيب هوائيّ

posto (m)	maq'ad (m)	مقعد
cuffia (f)	sammā'āt ra'siya (pl)	سمّاعات رأسيّة
tavolinetto (m) pieghevole	ṣīniyya qābila liṭ ṭayy (f)	صينية قابلة للطيّ
oblò (m), finestrino (m)	ʃubbāk aṭ ṭā'ira (m)	شبّاك الطائرة
corridoio (m)	mamarr (m)	ممرّ

142. Treno

treno (m)	qiṭār (m)	قطار
elettrotreno (m)	qiṭār (m)	قطار
treno (m) rapido	qiṭār sarī' (m)	قطار سريع
locomotiva (f) diesel	qāṭirat dīzil (f)	قاطرة ديزل
locomotiva (f) a vapore	qāṭira buxāriyya (f)	قاطرة بخاريّة
carrozza (f)	'araba (f)	عربة
vagone (m) ristorante	'arabat al maṭ'am (f)	عربة المطعم
rotaie (f pl)	quḍubān (pl)	قضبان
ferrovia (f)	sikka ḥadīdiyya (f)	سكّة حديديّة
traversa (f)	'āriḍa (f)	عارضة
banchina (f) (~ ferroviaria)	raṣīf (m)	رصيف
binario (m) (~ 1, 2)	xaṭṭ (m)	خطّ
semaforo (m)	simafūr (m)	سيمافور
stazione (f)	maḥaṭṭa (f)	محطّة
macchinista (m)	sā'iq (m)	سائق
portabagagli (m)	ḥammāl (m)	حمّال
cuccettista (m, f)	mas'ūl 'arabat al qiṭār (m)	مسؤول عربة القطار
passeggero (m)	rākib (m)	راكب
controllore (m)	kamsariy (m)	كمسريّ
corridoio (m)	mamarr (m)	ممرّ
freno (m) di emergenza	farāmil aṭ ṭawāri' (pl)	فرامل الطوارئ
scompartimento (m)	ɣurfa (f)	غرفة
cuccetta (f)	sarīr (m)	سرير
cuccetta (f) superiore	sarīr 'ulwiy (m)	سرير علويّ
cuccetta (f) inferiore	sarīr sufliy (m)	سرير سفليّ
biancheria (f) da letto	aɣṭiyat as sarīr (pl)	أغطية السرير
biglietto (m)	taðkira (f)	تذكرة
orario (m)	ȝadwal (m)	جدول
tabellone (m) orari	lawḥat ma'lūmāt (f)	لوحة معلومات
partire (vi)	ɣādar	غادر
partenza (f)	muɣādara (f)	مغادرة
arrivare (di un treno)	waṣal	وصل
arrivo (m)	wuṣūl (m)	وصول
arrivare con il treno	waṣal bil qiṭār	وصل بالقطار
salire sul treno	rakib al qiṭār	ركب القطار
scendere dal treno	nazil min al qiṭār	نزل من القطار
deragliamento (m)	ḥiṭām qiṭār (m)	حطام قطار
deragliare (vi)	xaraȝ 'an xaṭṭ sayrih	خرج عن خطّ سيره
locomotiva (f) a vapore	qāṭira buxāriyya (f)	قاطرة بخاريّة
fuochista (m)	'aṭaʃȝiy (m)	عطشجيّ
forno (m)	furn al muḥarrik (m)	فرن المحرّك
carbone (m)	faḥm (m)	فحم

143. Nave

nave (f)	safīna (f)	سفينة
imbarcazione (f)	safīna (f)	سفينة

piroscafo (m)	bāxira (f)	باخرة
barca (f) fluviale	bāxira nahriyya (f)	باخرة نهريّة
transatlantico (m)	bāxira siyahiyya (f)	باخرة سياحيّة
incrociatore (m)	ṭarrād (m)	طرّاد

yacht (m)	yaxt (m)	يخت
rimorchiatore (m)	qāṭira (f)	قاطرة
chiatta (f)	ṣandal (m)	صندل
traghetto (m)	ʿabbāra (f)	عبّارة

veliero (m)	safīna ʃirāʿiyya (m)	سفينة شراعيّة
brigantino (m)	markab ʃirāʿiy (m)	مركب شراعيّ

rompighiaccio (m)	muhaṭṭimat ʒalīd (f)	محطّمة جليد
sottomarino (m)	yawwāṣa (f)	غوّاصة

barca (f)	markab (m)	مركب
scialuppa (f)	zawraq (m)	زورق
scialuppa (f) di salvataggio	qārib naʒāt (m)	قارب نجاة
motoscafo (m)	lanʃ (m)	لنش

capitano (m)	qubṭān (m)	قبطان
marittimo (m)	bahhār (m)	بحّار
marinaio (m)	bahhār (m)	بحّار
equipaggio (m)	ṭāqim (m)	طاقم

nostromo (m)	raʾīs al bahhāra (m)	رئيس البحّارة
mozzo (m) di nave	ṣabiy as safīna (m)	صبي السفينة
cuoco (m)	ṭabbāx (m)	طبّاخ
medico (m) di bordo	ṭabīb as safīna (m)	طبيب السفينة

ponte (m)	saṭh as safīna (m)	سطح السفينة
albero (m)	sāriya (f)	سارية
vela (f)	ʃirāʿ (m)	شراع

stiva (f)	ʿambar (m)	عنبر
prua (f)	muqaddama (m)	مقدّمة
poppa (f)	muʾaxirat as safīna (f)	مؤخرة السفينة
remo (m)	miʒðāf (m)	مجذاف
elica (f)	mirwaha (f)	مروحة

cabina (f)	kabīna (f)	كابينة
quadrato (m) degli ufficiali	yurfat al istirāha (f)	غرفة الإستراحة
sala (f) macchine	qism al ʾālāt (m)	قسم الآلات
ponte (m) di comando	burʒ al qiyāda (m)	برج القيادة
cabina (f) radiotelegrafica	yurfat al lāsilkiy (f)	غرفة اللاسلكيّ
onda (f)	mawʒa (f)	موجة
giornale (m) di bordo	siʒil as safīna (m)	سجل السفينة
cannocchiale (m)	minẓār (m)	منظار
campana (f)	ʒaras (m)	جرس

bandiera (f)	'alam (m)	علم
cavo (m) (~ d'ormeggio)	ḥabl (m)	حبل
nodo (m)	'uqda (f)	عقدة

ringhiera (f)	drabizīn (m)	درابزين
passerella (f)	sullam (m)	سلّم

ancora (f)	mirsāt (f)	مرساة
levare l'ancora	rafaʿ mirsāt	رفع مرساة
gettare l'ancora	rasa	رسا
catena (f) dell'ancora	silsilat mirsāt (f)	سلسلة مرساة

porto (m)	mīnāʾ (m)	ميناء
banchina (f)	marsa (m)	مرسى
ormeggiarsi (vr)	rasa	رسا
salpare (vi)	aqlaʿ	أقلع

viaggio (m)	riḥla (f)	رحلة
crociera (f)	riḥla baḥriyya (f)	رحلة بحرية
rotta (f)	masār (m)	مسار
itinerario (m)	ṭarīq (m)	طريق

tratto (m) navigabile	maʒra milāḥiy (m)	مجرى ملاحيّ
secca (f)	miyāh ḍaḥla (f)	مياه ضحلة
arenarsi (vr)	ʒanaḥ	جنح

tempesta (f)	'āṣifa (f)	عاصفة
segnale (m)	iʃāra (f)	إشارة
affondare (andare a fondo)	ɣariq	غرق
Uomo in mare!	saqaṭ raʒul min as safīna!	سقط رجل من السفينة!
SOS	nidāʾ iɣāθa (m)	نداء إغاثة
salvagente (m) anulare	ṭawq naʒāt (m)	طوق نجاة

144. Aeroporto

aeroporto (m)	maṭār (m)	مطار
aereo (m)	ṭāʾira (f)	طائرة
compagnia (f) aerea	ʃarikat ṭayarān (f)	شركة طيران
controllore (m) di volo	marāqib al ḥaraka al ʒawwiyya (pl)	مراقب الحركة الجويّة

partenza (f)	muɣādara (f)	مغادرة
arrivo (m)	wuṣūl (m)	وصول
arrivare (vi)	waṣal	وصل

ora (f) di partenza	waqt al muɣādara (m)	وقت المغادرة
ora (f) di arrivo	waqt al wuṣūl (m)	وقت الوصول

essere ritardato	taʾaxxar	تأخّر
volo (m) ritardato	taʾaxxur ar riḥla (m)	تأخّر الرحلة

tabellone (m) orari	lawḥat al maʿlūmāt (f)	لوحة المعلومات
informazione (f)	istiʿlāmāt (pl)	إستعلامات
annunciare (vt)	aʿlan	أعلن

Italiano	Traslitterazione	العربية
volo (m)	riḥla (f)	رحلة
dogana (f)	ʒamārik (pl)	جمارك
doganiere (m)	muwaẓẓaf al ʒamārik (m)	موظف الجمارك

dichiarazione (f)	taṣrīḥ ʒumrukiy (m)	تصريح جمركيّ
riempire	mala'	ملأ
(~ una dichiarazione)		
riempire una dichiarazione	mala' at taṣrīḥ	ملأ التصريح
controllo (m) passaporti	taftīʃ al ʒawāzāt (m)	تفتيش الجوازات

bagaglio (m)	aʃ ʃunaṭ (pl)	الشنط
bagaglio (m) a mano	ʃunaṭ al yad (pl)	شنط اليد
carrello (m)	'arabat ʃunaṭ (f)	عربة شنط

atterraggio (m)	hubūṭ (m)	هبوط
pista (f) di atterraggio	mamarr al hubūṭ (m)	ممرّ الهبوط
atterrare (vi)	habaṭ	هبط
scaletta (f) dell'aereo	sullam aṭ ṭā'ira (m)	سلّم الطائرة

check-in (m)	tasʒīl (m)	تسجيل
banco (m) del check-in	makān at tasʒīl (m)	مكان التسجيل
fare il check-in	saʒʒal	سجّل
carta (f) d'imbarco	biṭāqat ṣu'ūd (f)	بطاقة صعود
porta (f) d'imbarco	bawwābat al muɣādara (f)	بوّابة المغادرة

transito (m)	tranzīt (m)	ترانزيت
aspettare (vt)	intaẓar	إنتظر
sala (f) d'attesa	qā'at al muɣādara (f)	قاعة المغادرة
accompagnare (vt)	wadda'	ودّع
congedarsi (vr)	wadda'	ودّع

145. Bicicletta. Motocicletta

bicicletta (f)	darrāʒa (f)	درّاجة
motorino (m)	skutir (m)	سكوتر
motocicletta (f)	darrāʒa nāriyya (f)	درّاجة ناريّة

andare in bicicletta	rakib ad darrāʒa	ركب الدرّاجة
manubrio (m)	miqwad (m)	مقود
pedale (m)	dawwāsa (f)	دوّاسة
freni (m pl)	farāmil (pl)	فرامل
sellino (m)	maq'ad (m)	مقعد

pompa (f)	ṭulumba (f)	طلمبة
portabagagli (m)	raff al amti'a (m)	رفّ الأمتعة
fanale (m) anteriore	miṣbāḥ (m)	مصباح
casco (m)	χūða (f)	خوذة

ruota (f)	'aʒala (f)	عجلة
parafango (m)	rafraf (m)	رفرف
cerchione (m)	iṭār (m)	إطار
raggio (m)	barmaq al 'aʒala (m)	برمق العجلة

Automobili

146. Tipi di automobile

automobile (f)	sayyāra (f)	سيّارة
auto (f) sportiva	sayyāra riyāḍiyya (f)	سيّارة رياضيّة
limousine (f)	limuzīn (m)	ليموزين
fuoristrada (m)	sayyārat ṭuruq waʿra (f)	سيارة طرق وعرة
cabriolet (m)	kabriulīh (m)	كابريوليه
pulmino (m)	mikrubāṣ (m)	ميكروباص
ambulanza (f)	isʿāf (m)	إسعاف
spazzaneve (m)	ʒarrāfat θalʒ (f)	جرّافة ثلج
camion (m)	ʃāḥina (f)	شاحنة
autocisterna (f)	nāqilat bitrūl (f)	ناقلة بترول
furgone (m)	ʿarabat naql (f)	عربة نقل
motrice (f)	ʒarrār (m)	جرّار
rimorchio (m)	maqṭūra (f)	مقطورة
confortevole (agg)	murīḥ	مريح
di seconda mano	mustaʿmal	مستعمل

147. Automobili. Carrozzeria

cofano (m)	kabbūt (m)	كبّوت
parafango (m)	rafraf (m)	رفرف
tetto (m)	saqf (m)	سقف
parabrezza (m)	zuʒāʒ amāmiy (m)	زجاج أمامي
retrovisore (m)	mirʾāt dāxiliyya (f)	مرآة داخليّة
lavacristallo (m)	munaẓẓif az zuʒāʒ (m)	منظّف الزجاج
tergicristallo (m)	massāḥāt (pl)	مسّاحات
finestrino (m) laterale	zuʒāʒ ʒānibiy (m)	زجاج جانبي
alzacristalli (m)	mākina zuʒāʒ (f)	ماكينة زجاج
antenna (f)	hawāʾiy (m)	هوائي
tettuccio (m) apribile	nāfiðat as saqf (f)	نافذة السقف
paraurti (m)	miṣadd as sayyāra (m)	مصدّ السيارة
bagagliaio (m)	ṣundūq as sayyāra (m)	صندوق السيّارة
portapacchi (m)	raff saqf as sayyāra (m)	رفّ سقف السيّارة
portiera (f)	bāb (m)	باب
maniglia (f)	ukrat al bāb (f)	أوكرة الباب
serratura (f)	qifl al bāb (m)	قفل الباب
targa (f)	lawḥat raqm as sayyāra (f)	لوحة رقم السيارة
marmitta (f)	kātim aṣ ṣawt (m)	كاتم الصوت

| serbatoio (m) della benzina | χazzān al banzīn (m) | خزّان البنزين |
| tubo (m) di scarico | umbūb al 'ādim (m) | أنبوب العادم |

acceleratore (m)	γāz (m)	غاز
pedale (m)	dawwāsa (f)	دوّاسة
pedale (m) dell'acceleratore	dawwāsat al wuqūd (f)	دوّاسة الوقود

freno (m)	farāmil (pl)	فرامل
pedale (m) del freno	dawwāsat al farāmil (m)	دوّاسة الفرامل
frenare (vi)	farmal	فرمل
freno (m) a mano	farmalat al yad (f)	فرملة اليد

frizione (f)	ta'ʃīq (m)	تعشيق
pedale (m) della frizione	dawwāsat at ta'ʃīq (f)	دوّاسة التعشيق
disco (m) della frizione	qurṣ at ta'ʃīq (m)	قرص التعشيق
ammortizzatore (m)	mumtaṣṣ liṣ ṣadamāt (m)	ممتصّ الصدمات

ruota (f)	'aʒala (f)	عجلة
ruota (f) di scorta	'aʒala iḥtiyāṭiyya (f)	عجلة احتياطيّة
pneumatico (m)	iṭār (m)	إطار
copriruota (m)	γiṭā' miḥwar al 'aʒala (m)	غطاء محور العجلة

ruote (f pl) motrici	'aʒalāt al qiyāda (pl)	عجلات القيادة
a trazione anteriore	daf' amāmiy (m)	دفع أماميّ
a trazione posteriore	daf' χalfiy (m)	دفع خلفيّ
a trazione integrale	daf' rubā'iy (m)	دفع رباعيّ

scatola (f) del cambio	ṣundūq at turūs (m)	صندوق التروس
automatico (agg)	utumatīkiy	أوتوماتيكيّ
meccanico (agg)	yadawiy	يدويّ
leva (f) del cambio	nāqil as sur'a (m)	ناقل السرعة

| faro (m) | al miṣbāḥ al amāmiy (m) | المصباح الأماميّ |
| luci (f pl), fari (m pl) | al maṣābīḥ al amāmiyya (pl) | المصابيح الأماميّة |

luci (f pl) anabbaglianti	al anwār al munχafiḍa (pl)	الأنوار المنخفضة
luci (f pl) abbaglianti	al anwār al 'āliya (pl)	الأنوار العالية
luci (f pl) di arresto	ḍū' al farāmil (m)	ضوء الفرامل

luci (f pl) di posizione	aḍwā' ʒānibiyya (pl)	أضواء جانبيّة
luci (f pl) di emergenza	aḍwā' at taḥðīr (pl)	أضواء التحذير
fari (m pl) antinebbia	aḍwā' aḍ ḍabāb (pl)	أضواء الضباب
freccia (f)	iʃārat al in'iṭāf (f)	إشارة الإنعطاف
luci (f pl) di retromarcia	miṣbāh ar ruʒū' lil χalf (m)	مصباح الرجوع للخلف

148. Automobili. Vano passeggeri

abitacolo (m)	ṣālūn as sayyāra (m)	صالون السيّارة
di pelle	min al ʒild	من الجلد
in velluto	min al muχmal	من المخمل
rivestimento (m)	tanʒīd (m)	تنجيد

| strumento (m) di bordo | ʒihāz (m) | جهاز |
| cruscotto (m) | lawhat at tahakkum (f) | لوحة التحكم |

| tachimetro (m) | 'addād sur'a (m) | عدّاد سرعة |
| lancetta (f) | mu'aʃʃir (m) | مؤشّر |

contachilometri (m)	'addād al masāfāt (m)	عدّاد المسافات
indicatore (m)	'addād (m)	عدّاد
livello (m)	mustawa (m)	مستوى
spia (f) luminosa	lammbat inðār (f)	لمبة إنذار

volante (m)	miqwad (m)	مقود
clacson (m)	zāmūr (m)	زامور
pulsante (m)	zirr (m)	زرّ
interruttore (m)	nāqil, miftāḥ (m)	ناقل, مفتاح

sedile (m)	maq'ad (m)	مقعد
spalliera (f)	misnad aẓ ẓahr (m)	مسند الظهر
appoggiatesta (m)	masnad ar ra's (m)	مسند الرأس
cintura (f) di sicurezza	ḥizām al amn (m)	حزام الأمن
allacciare la cintura	rabaṭ al ḥizām	ربط الحزام
regolazione (f)	ḍabṭ (m)	ضبط

| airbag (m) | wisāda hawā'iyya (f) | وسادة هوائيّة |
| condizionatore (m) | takyīf (m) | تكييف |

radio (f)	iðā'a (f)	إذاعة
lettore (m) CD	muʃaɣɣil sidi (m)	مشغّل سي دي
accendere (vt)	fataḥ, ʃaɣɣal	فتح, شغّل
antenna (f)	hawā'iy (m)	هوائيّ
vano (m) portaoggetti	durȝ (m)	درج
portacenere (m)	ṭaqṭūqa (f)	طقطوقة

149. Automobili. Motore

motore (m)	muḥarrik (m)	محرّك
motore (m)	mutūr (m)	موتور
a diesel	dīzil	ديزل
a benzina	'alal banzīn	على البنزين

cilindrata (f)	si'at al muḥarrik (f)	سعة المحرّك
potenza (f)	qudra (f)	قدرة
cavallo vapore (m)	ḥiṣān (m)	حصان
pistone (m)	mikbas (m)	مكبس
cilindro (m)	usṭuwāna (f)	أسطوانة
valvola (f)	ṣimām (m)	صمام

iniettore (m)	ȝihāz baxxāx (f)	جهاز بخّاخ
generatore (m)	muwallid (m)	مولّد
carburatore (m)	karburātir (m)	كاربراتير
olio (m) motore	zayt al muḥarrik (m)	زيت المحرّك

radiatore (m)	mubarrid al muḥarrik (m)	مبرّد المحرّك
liquido (m) di raffreddamento	mādda mubarrida (f)	مادّة مبرّدة
ventilatore (m)	mirwaḥa (f)	مروحة
batteria (m)	baṭṭāriyya (f)	بطّاريّة
motorino (m) d'avviamento	miftāḥ at taʃɣīl (m)	مفتاح التشغيل

accensione (f)	niẓām tafɣīl (m)	نظام تشغيل
candela (f) d'accensione	ʃamʿat al iḥtirāq (f)	شمعة الاحتراق

morsetto (m)	ṭaraf tawṣīl (m)	طرف توصيل
più (m)	ṭaraf mūʒab (m)	طرف موجب
meno (m)	ṭaraf sālib (m)	طرف سالب
fusibile (m)	fāṣima (f)	فاصمة

filtro (m) dell'aria	miṣfāt al hawā' (f)	مصفاة الهواء
filtro (m) dell'olio	miṣfāt az zayt (f)	مصفاة الزيت
filtro (m) del carburante	miṣfāt al banzīn (f)	مصفاة البنزين

150. Automobili. Incidente. Riparazione

incidente (m)	ḥādiθ sayyāra (f)	حادث سيّارة
incidente (m) stradale	ḥādiθ murūriy (m)	حادث مروريّ
sbattere contro ...	iṣṭadam	إصطدم
avere un incidente	taḥaṭṭam	تحطّم
danno (m)	χasāra (f)	خسارة
illeso (agg)	salīm	سليم

essere rotto	taʿaṭṭal	تعطّل
cavo (m) di rimorchio	ḥabl as saḥb (m)	حبل السحب

foratura (f)	θuqb (m)	ثقب
essere a terra	faʃ	فشّ
gonfiare (vt)	nafaχ	نفخ
pressione (f)	ḍaɣṭ (m)	ضغط
controllare (verificare)	iχtabar	إختبر

riparazione (f)	iṣlāḥ (m)	إصلاح
officina (f) meccanica	warʃat iṣlāḥ as sayyārāt (f)	ورشة إصلاح السيّارات
pezzo (m) di ricambio	qiṭʿat ɣiyār (f)	قطعة غيار
pezzo (m)	qiṭʿa (f)	قطعة

bullone (m)	mismār qalāwūz (m)	مسمار قلاووظ
bullone (m) a vite	burɣiy (m)	برغيّ
dado (m)	ṣamūla (f)	صامولة
rondella (f)	ḥalqa (f)	حلقة
cuscinetto (m)	maḥmal (m)	محمل

tubo (m)	umbūba (f)	أنبوبة
guarnizione (f)	ʿazaqa (f)	عزقة
filo (m), cavo (m)	silk (m)	سلك

cric (m)	rāfiʿat sayyāra (f)	رافعة سيّارة
chiave (f)	miftāḥ aṣ ṣawāmīl (m)	مفتاح الصواميل
martello (m)	miṭraqa (f)	مطرقة
pompa (f)	ṭulumba (f)	طلمبة
giravite (m)	mifakk (m)	مفكّ

estintore (m)	miṭfaʾat ḥarīq (f)	مطفأة حريق
triangolo (m) di emergenza	muθallaθ taḥðīr (m)	مثلّث تحذير
spegnersi (vr)	tawaqqaf	توقّف

spegnimento (m) motore	tawaqquf (m)	توَقَّف
essere rotto	kān maksūran	كان مكسورًا

surriscaldarsi (vr)	saxan bi ʃidda	سخن بشدَّة
intasarsi (vr)	kān masdūdan	كان مسدودًا
ghiacciarsi (di tubi, ecc.)	taʒammad	تجمَّد
spaccarsi (vr)	infaʒar	إنفجر

pressione (f)	dayt (m)	ضغط
livello (m)	mustawa (m)	مستوى
lento (cinghia ~a)	daʔif	ضعيف

ammaccatura (f)	ba'ʒa (f)	بعجة
battito (m) (nel motore)	daqq (m)	دقّ
fessura (f)	ʃaqq (m)	شقّ
graffiatura (f)	xadʃ (m)	خدش

151. Automobili. Strada

strada (f)	tarīq (m)	طريق
autostrada (f)	tarīq sarīʕ (m)	طريق سريع
superstrada (f)	tarīq sarīʕ (m)	طريق سريع
direzione (f)	ittiʒāh (m)	إتّجاه
distanza (f)	masāfa (f)	مسافة

ponte (m)	ʒisr (m)	جسر
parcheggio (m)	mawqif as sayyārāt (m)	موقف السيَّارات
piazza (f)	maydān (m)	ميدان
svincolo (m)	taqātuʕ turuq (m)	تقاطع طرق
galleria (f), tunnel (m)	nafaq (m)	نفق

distributore (m) di benzina	mahattat banzīn (f)	محطَّة بنزين
parcheggio (m)	mawqif as sayyārāt (m)	موقف السيَّارات
pompa (f) di benzina	midaxxat banzīn (f)	مضخَّة بنزين
officina (f) meccanica	warʃat iṣlāh as sayyārāt (f)	ورشة إصلاح السيَّارات
fare benzina	mala' bil wuqūd	ملأ بالوقود
carburante (m)	wuqūd (m)	وقود
tanica (f)	ʒirikan (m)	جركن

asfalto (m)	asfalt (m)	أسفلت
segnaletica (f) stradale	ʕalāmāt at tarīq (pl)	علامات الطريق
cordolo (m)	hāffat ar raṣīf (f)	حافَّة الرصيف
barriera (f) di sicurezza	sūr (m)	سور
fosso (m)	qanāt (f)	قناة
ciglio (m) della strada	hāffat at tarīq (f)	حافَّة الطريق
lampione (m)	ʕamūd nūr (m)	عمود نور

guidare (~ un veicolo)	sāq	ساق
girare (~ a destra)	in'ataf	إنعطف
fare un'inversione a U	istadār lil xalf	إستدار للخلف
retromarcia (m)	haraka ilal warā' (f)	حركة إلى الوراء

suonare il clacson	zammar	زمَّر
colpo (m) di clacson	ṣawt az zāmūr (m)	صوت الزامور

incastrarsi (vr)	waḥil	وحل
impantanarsi (vr)	dawwar al 'aʒala	دوّر العجلة
spegnere (~ il motore)	awqaf	أوقف

velocità (f)	sur'a (f)	سرعة
superare i limiti di velocità	taʒāwaz as sur'a al quṣwa	تجاوز السرعة القصوى
multare (vt)	faraḍ ɣarāma	فرض غرامة
semaforo (m)	iʃārāt al murūr (pl)	إشارات المرور
patente (f) di guida	ruxṣat al qiyāda (f)	رخصة قيادة

passaggio (m) a livello	ma'bar (m)	معبر
incrocio (m)	taqāṭu' (m)	تقاطع
passaggio (m) pedonale	ma'bar al muʃāt (m)	معبر المشاة
curva (f)	mun'aṭif (m)	منعطف
zona (f) pedonale	makān muxaṣṣaṣ lil muʃāt (f)	مكان مخصّص للمشاة

GENTE. SITUAZIONI QUOTIDIANE

Situazioni quotidiane

152. Vacanze. Evento

festa (f)	ʿīd (m)	عيد
festa (f) nazionale	ʿīd waṭaniy (m)	عيد وطنيّ
festività (f) civile	yawm al ʿuṭla ar rasmiyya (m)	يوم العطلة الرسمية
festeggiare (vt)	iḥtafal	إحتفل
avvenimento (m)	ḥadaθ (m)	حدث
evento (m) (organizzare un ~)	munasaba (f)	مناسبة
banchetto (m)	walīma (f)	وليمة
ricevimento (m)	ḥaflat istiqbāl (f)	حفلة إستقبال
festino (m)	walīma (f)	وليمة
anniversario (m)	ðikra sanawiyya (f)	ذكرى سنويّة
giubileo (m)	yubīl (m)	يوبيل
festeggiare (vt)	iḥtafal	إحتفل
Capodanno (m)	raʾs as sana (m)	رأس السنة
Buon Anno!	kull sana wa anta ṭayyib!	كلّ سنة وأنت طيّب!
Babbo Natale (m)	baba nuwīl (m)	بابا نويل
Natale (m)	ʿīd al mīlād (m)	عيد الميلاد
Buon Natale!	ʿīd mīlād saʿīd!	عيد ميلاد سعيد!
Albero (m) di Natale	ʃaʒarat raʾs as sana (f)	شجرة رأس السنة
fuochi (m pl) artificiali	alʿāb nāriyya (pl)	ألعاب ناريّة
nozze (f pl)	zifāf (m)	زفاف
sposo (m)	ʿarīs (m)	عريس
sposa (f)	ʿarūsa (f)	عروسة
invitare (vt)	daʿa	دعا
invito (m)	biṭāqat daʿwa (f)	بطاقة دعوة
ospite (m)	ḍayf (m)	ضيف
andare a trovare	zār	زار
accogliere gli invitati	istaqbal aḍ ḍuyūf	إستقبل الضيوف
regalo (m)	hadiyya (f)	هديّة
offrire (~ un regalo)	qaddam	قدّم
ricevere i regali	istalam al hadāya	إستلم الهدايا
mazzo (m) di fiori	bāqat zuhūr (f)	باقة زهور
auguri (m pl)	tahnīʾa (f)	تهنئة
augurare (vt)	hannaʾ	هنّأ
cartolina (f)	biṭāqat tahnīʾa (f)	بطاقة تهنئة

| mandare una cartolina | arsal biṭāqat tahni'a | أرسل بطاقة تهنئة |
| ricevere una cartolina | istalam biṭāqat tahnī'a | إستلم بطاقة تهنئة |

brindisi (m)	naχb (m)	نخب
offrire (~ qualcosa da bere)	ḍayyaf	ضيّف
champagne (m)	ʃambāniya (f)	شمبانيا

divertirsi (vr)	istamta'	إستمتع
allegria (f)	faraḥ (m)	فرح
gioia (f)	sa'āda (f)	سعادة

| danza (f), ballo (m) | rāqiṣa (f) | رقصة |
| ballare (vi, vt) | raqaṣ | رقص |

| valzer (m) | vāls (m) | فالس |
| tango (m) | tāngu (m) | تانجو |

153. Funerali. Sepoltura

cimitero (m)	maqbara (f)	مقبرة
tomba (f)	qabr (m)	قبر
croce (f)	ṣalīb (m)	صليب
pietra (f) tombale	ʃāhid al qabr (m)	شاهد القبر
recinto (m)	sūr (m)	سور
cappella (f)	kanīsa saɣīra (f)	كنيسة صغيرة

morte (f)	mawt (m)	موت
morire (vi)	māt	مات
defunto (m)	al mutawaffi (m)	المتوفّي
lutto (m)	ḥidād (m)	حداد

seppellire (vt)	dafan	دفن
sede (f) di pompe funebri	bayt al ʒanāzāt (m)	بيت الجنازات
funerale (m)	ʒanāza (f)	جنازة
corona (f) di fiori	iklīl (m)	إكليل
bara (f)	tābūt (m)	تابوت
carro (m) funebre	sayyārat naql al mawta (f)	سيّارة نقل الموتى
lenzuolo (m) funebre	kafan (m)	كفن

corteo (m) funebre	ʒanāza (f)	جنازة
urna (f) funeraria	qārūra li ḥifẓ ramād al mawta (f)	قارورة لحفظ رماد الموتى
crematorio (m)	maḥraqat ʒuθaθ al mawta (f)	محرقة جثث الموتى

necrologio (m)	na'iy (m)	نعيّ
piangere (vi)	baka	بكى
singhiozzare (vi)	naḥab	نحب

154. Guerra. Soldati

| plotone (m) | faṣīla (f) | فصيلة |
| compagnia (f) | sariyya (f) | سريّة |

reggimento (m)	fawʒ (m)	فوج
esercito (m)	ʒayʃ (m)	جيش
divisione (f)	firqa (f)	فرقة

| distaccamento (m) | waḥda (f) | وحدة |
| armata (f) | ʒayʃ (m) | جيش |

| soldato (m) | ʒundiy (m) | جنديَ |
| ufficiale (m) | ḍābiṭ (m) | ضابط |

soldato (m) semplice	ʒundiy (m)	جنديَ
sergente (m)	raqīb (m)	رقيب
tenente (m)	mulāzim (m)	ملازم
capitano (m)	naqīb (m)	نقيب
maggiore (m)	rā'id (m)	رائد
colonnello (m)	ʿaqīd (m)	عقيد
generale (m)	ʒinirāl (m)	جنرال

marinaio (m)	baḥḥār (m)	بحَار
capitano (m)	qubṭān (m)	قبطان
nostromo (m)	ra'īs al baḥḥāra (m)	رئيس البحَارة

artigliere (m)	madfaʿiy (m)	مدفعيَ
paracadutista (m)	ʒundiy al maẓallāt (m)	جنديَ المظلَلات
pilota (m)	ṭayyār (m)	طيَار
navigatore (m)	mallāḥ (m)	ملَاح
meccanico (m)	mikanīkiy (m)	ميكانيكيَ

geniere (m)	muhandis ʿaskariy (m)	مهندس عسكريَ
paracadutista (m)	miẓalliy (m)	مظلَيَ
esploratore (m)	mustakʃif (m)	مستكشف
cecchino (m)	qannāṣ (m)	قنَاص

pattuglia (f)	dawriyya (f)	دوريَة
pattugliare (vt)	qām bi dawriyya	قام بدوريَة
sentinella (f)	ḥāris (m)	حارس

| guerriero (m) | muḥārib (m) | محارب |
| patriota (m) | waṭaniy (m) | وطنيَ |

| eroe (m) | baṭal (m) | بطل |
| eroina (f) | baṭala (f) | بطلة |

| traditore (m) | χā'in (m) | خائن |
| tradire (vt) | χān | خان |

| disertore (m) | hārib min al ʒayʃ (m) | هارب من الجيش |
| disertare (vi) | harab min al ʒayʃ | هرب من الجيش |

mercenario (m)	ma'ʒūr (m)	مأجور
recluta (f)	ʒundiy ʒadīd (m)	جنديَ جديد
volontario (m)	mutaṭawwiʿ (m)	متطوَع

ucciso (m)	qatīl (m)	قتيل
ferito (m)	ʒarīḥ (m)	جريح
prigioniero (m) di guerra	asīr (m)	أسير

155. Guerra. Azioni militari. Parte 1

guerra (f)	ḥarb (f)	حرب
essere in guerra	ḥārab	حارب
guerra (f) civile	ḥarb ahliyya (f)	حرب أهليّة
perfidamente	yadran	غدرًا
dichiarazione (f) di guerra	i'lān ḥarb (m)	إعلان حرب
dichiarare (~ guerra)	a'lan	أعلن
aggressione (f)	ʿudwān (m)	عدوان
attaccare (vt)	haʒam	هجم
invadere (vt)	iḥtall	إحتلّ
invasore (m)	muḥtall (m)	محتلّ
conquistatore (m)	fātiḥ (m)	فاتح
difesa (f)	difāʿ (m)	دفاع
difendere (~ un paese)	dāfaʿ	دافع
difendersi (vr)	dāfaʿ ʿan nafsih	دافع عن نفسه
nemico (m)	ʿaduww (m)	عدوّ
avversario (m)	xaṣm (m)	خصم
ostile (agg)	ʿaduww	عدوّ
strategia (f)	istratiʒiyya (f)	إستراتيجيّة
tattica (f)	taktīk (m)	تكتيك
ordine (m)	amr (m)	أمر
comando (m)	amr (m)	أمر
ordinare (vt)	amar	أمر
missione (f)	muhimma (f)	مهمّة
segreto (agg)	sirriy	سرّيّ
battaglia (f)	maʿraka (f)	معركة
combattimento (m)	qitāl (m)	قتال
attacco (m)	huʒūm (m)	هجوم
assalto (m)	inqiḍāḍ (m)	إنقضاض
assalire (vt)	inqaḍḍ	إنقضّ
assedio (m)	ḥiṣār (m)	حصار
offensiva (f)	huʒūm (m)	هجوم
passare all'offensiva	haʒam	هجم
ritirata (f)	insiḥāb (m)	إنسحاب
ritirarsi (vr)	insaḥab	إنسحب
accerchiamento (m)	iḥāṭa (f)	إحاطة
accerchiare (vt)	aḥāṭ	أحاط
bombardamento (m)	qaṣf (m)	قصف
lanciare una bomba	asqaṭ qumbula	أسقط قنبلة
bombardare (vt)	qaṣaf	قصف
esplosione (f)	infiʒār (m)	إنفجار
sparo (m)	ṭalaqa (f)	طلقة

sparare un colpo	aṭlaq an nār	أطلق النار
sparatoria (f)	iṭlāq an nār (m)	إطلاق النار
puntare su …	ṣawwab	صوّب
puntare (~ una pistola)	ṣawwab	صوّب
colpire (~ il bersaglio)	aṣāb al hadaf	أصاب الهدف
affondare (mandare a fondo)	aɣraq	أغرق
falla (f)	θuqb (m)	ثقب
affondare (andare a fondo)	ɣariq	غرق
fronte (m) (~ di guerra)	ʒabha (f)	جبهة
evacuazione (f)	iχlāʾ aṭ ṭawāriʾ (m)	إخلاء الطوارئ
evacuare (vt)	aχla	أخلى
trincea (f)	χandaq (m)	خندق
filo (m) spinato	aslāk ʃāʾika (pl)	أسلاك شائكة
sbarramento (m)	ḥāʒiz (m)	حاجز
torretta (f) di osservazione	burʒ muraqaba (m)	برج مراقبة
ospedale (m) militare	mustaʃfa ʿaskariy (m)	مستشفى عسكريّ
ferire (vt)	ʒaraḥ	جرح
ferita (f)	ʒurḥ (m)	جرح
ferito (m)	ʒarīḥ (m)	جريح
rimanere ferito	uṣīb bil ʒirāḥ	أصيب بالجراح
grave (ferita ~)	χaṭīr	خطير

156. Armi

armi (f pl)	asliḥa (pl)	أسلحة
arma (f) da fuoco	asliḥa nāriyya (pl)	أسلحة ناريّة
arma (f) bianca	asliḥa bayḍāʾ (pl)	أسلحة بيضاء
armi (f pl) chimiche	asliḥa kīmyāʾiyya (pl)	أسلحة كيميائيّة
nucleare (agg)	nawawiy	نوويّ
armi (f pl) nucleari	asliḥa nawawiyya (pl)	أسلحة نوويّة
bomba (f)	qumbula (f)	قنبلة
bomba (f) atomica	qumbula nawawiyya (f)	قنبلة نوويّة
pistola (f)	musaddas (m)	مسدّس
fucile (m)	bunduqiyya (f)	بندقيّة
mitra (m)	bunduqiyya huʒūmiyya (f)	بندقيّة هجوميّة
mitragliatrice (f)	raʃʃāʃ (m)	رشّاش
bocca (f)	fūha (f)	فوهة
canna (f)	sabṭāna (f)	سبطانة
calibro (m)	ʿiyār (m)	عيار
grilletto (m)	zinād (m)	زناد
mirino (m)	muṣawwib (m)	مصوّب
caricatore (m)	maχzan (m)	مخزن
calcio (m)	ʿaqab al bunduqiyya (m)	عقب البندقيّة
bomba (f) a mano	qumbula yadawiyya (f)	قنبلة يدويّة

esplosivo (m)	mawādd mutafaʒʒira (pl)	مواد متفجّرة
pallottola (f)	ruṣāṣa (f)	رصاصة
cartuccia (f)	xarṭūʃa (f)	خرطوشة
carica (f)	ḥaʃwa (f)	حشوة
munizioni (f pl)	ðaxā'ir (pl)	ذخائر

bombardiere (m)	qāðifat qanābil (f)	قاذفة قنابل
aereo (m) da caccia	ṭā'ira muqātila (f)	طائرة مقاتلة
elicottero (m)	hiliukūbtir (m)	هليكوبتر

cannone (m) antiaereo	madfaθ muḍādd liṭ ṭa'irāṭ (m)	مدفع مضادٌ للطائرات
carro (m) armato	dabbāba (f)	دبّابة
cannone (m)	madfaʿ ad dabbāba (m)	مدفع الدبّابة

artiglieria (f)	madfaʿiyya (f)	مدفعيّة
cannone (m)	madfaʿ (m)	مدفع
mirare a ...	ṣawwab	صوّب

proiettile (m)	qaðīfa (f)	قذيفة
granata (f) da mortaio	qumbula hāwun (f)	قنبلة هاون
mortaio (m)	hāwun (m)	هاون
scheggia (f)	ʃaẓiyya (f)	شظيّة

sottomarino (m)	ɣawwāṣa (f)	غوّاصة
siluro (m)	ṭurbīd (m)	طوربيد
missile (m)	ṣārūx (m)	صاروخ

caricare (~ una pistola)	ḥaʃa	حشا
sparare (vi)	aṭlaq an nār	أطلق النار
puntare su ...	ṣawwab	صوّب
baionetta (f)	ḥarba (f)	حربة

spada (f)	ʃīʃ (m)	شيش
sciabola (f)	sayf munḥani (m)	سيف منحن
lancia (f)	rumḥ (m)	رمح
arco (m)	qaws (m)	قوس
freccia (f)	sahm (m)	سهم
moschetto (m)	muskīt (m)	مسكيت
balestra (f)	qaws mustaʿraḍ (m)	قوس مستعرض

157. Gli antichi

primitivo (agg)	bidā'iy	بدائيّ
preistorico (agg)	ma qabl at tarīx	ما قبل التاريخ
antico (agg)	qadīm	قديم

Età (f) della pietra	al ʿaṣr al ḥaʒariy (m)	العصر الحجريّ
Età (f) del bronzo	al ʿaṣr al brunziy (m)	العصر البرونزيّ
epoca (f) glaciale	al ʿaṣr al ʒalīdiy (m)	العصر الجليديّ

tribù (f)	qabīla (f)	قبيلة
cannibale (m)	'ākil laḥm al baʃar (m)	آكل لحم البشر
cacciatore (m)	ṣayyād (m)	صيّاد
cacciare (vt)	iṣṭād	إصطاد

mammut (m)	mamūθ (m)	ماموث
caverna (f), grotta (f)	kahf (m)	كهف
fuoco (m)	nār (f)	نار
falò (m)	nār muxayyam (m)	نار مخيّم
pittura (f) rupestre	rasm fil kahf (m)	رسم في الكهف
strumento (m) di lavoro	adāt (f)	أداة
lancia (f)	rumḥ (m)	رمح
ascia (f) di pietra	fa's haʒariy (m)	فأس حجريّ
essere in guerra	ḥārab	حارب
addomesticare (vt)	daʒʒan	دجّن
idolo (m)	ṣanam (m)	صنم
idolatrare (vt)	'abad	عبد
superstizione (f)	xurāfa (f)	خرافة
rito (m)	mansak (m)	منسك
evoluzione (f)	taṭawwur (m)	تطوّر
sviluppo (m)	numuww (m)	نمو
estinzione (f)	ixtifā' (m)	إختفاء
adattarsi (vr)	takayyaf	تكيّف
archeologia (f)	'ilm al 'āθār (m)	علم الآثار
archeologo (m)	'ālim 'āθār (m)	عالم آثار
archeologico (agg)	aθariy	أثريّ
sito (m) archeologico	mawqi' ḥafr (m)	موقع حفر
scavi (m pl)	tanqīb (m)	تنقيب
reperto (m)	iktiʃāf (m)	إكتشاف
frammento (m)	qiṭ'a (f)	قطعة

158. Il Medio Evo

popolo (m)	ʃa'b (m)	شعب
popoli (m pl)	ʃu'ūb (pl)	شعوب
tribù (f)	qabīla (f)	قبيلة
tribù (f pl)	qabā'il (pl)	قبائل
barbari (m pl)	al barābira (pl)	البرابرة
galli (m pl)	al ɣalyūn (pl)	الغاليون
goti (m pl)	al qūṭiyyūn (pl)	القوطيّون
slavi (m pl)	as silāf (pl)	السلاف
vichinghi (m pl)	al vaykinɣ (pl)	الفايكينغ
romani (m pl)	ar rūmān (pl)	الرومان
romano (agg)	rumāniy	رومانيّ
bizantini (m pl)	bizanṭiyyūn (pl)	بيزنطيّون
Bisanzio (m)	bīzanṭa (f)	بيزنطة
bizantino (agg)	bizanṭiy	بيزنطيّ
imperatore (m)	imbiraṭūr (m)	إمبراطور
capo (m)	za'īm (m)	زعيم
potente (un re ~)	qawiy	قويّ

| re (m) | malik (m) | ملك |
| governante (m) (sovrano) | ḥākim (m) | حاكم |

cavaliere (m)	fāris (m)	فارس
feudatario (m)	iqṭā'iy (m)	إقطاعي
feudale (agg)	iqṭā'iy	إقطاعي
vassallo (m)	muqṭa' (m)	مقطع

duca (m)	dūq (m)	دوق
conte (m)	īrl (m)	إيرل
barone (m)	barūn (m)	بارون
vescovo (m)	usquf (m)	أسقف

armatura (f)	dir' (m)	درع
scudo (m)	turs (m)	ترس
spada (f)	sayf (m)	سيف
visiera (f)	ḥāffa amāmiyya lil χūða (f)	حافة أمامية للخوذة
cotta (f) di maglia	dir' az zarad (m)	درع الزرد

| crociata (f) | ḥamla ṣalībiyya (f) | حملة صليبية |
| crociato (m) | ṣalībiy (m) | صليبي |

| territorio (m) | arḍ (f) | أرض |
| attaccare (vt) | haȝam | هجم |

| conquistare (vt) | fataḥ | فتح |
| occupare (invadere) | iḥtall | إحتلّ |

assedio (m)	ḥiṣār (m)	حصار
assediato (agg)	muḥāṣar	محاصر
assediare (vt)	ḥāṣar	حاصر

inquisizione (f)	maḥākim at taftīʃ (pl)	محاكم التفتيش
inquisitore (m)	mufattiʃ (m)	مفتش
tortura (f)	ta'ðīb (m)	تعذيب
crudele (agg)	qās	قاس

| eretico (m) | harṭūqiy (m) | هرطوقي |
| eresia (f) | harṭaqa (f) | هرطقة |

navigazione (f)	as safar bil baḥr (m)	السفر بالبحر
pirata (m)	qurṣān (m)	قرصان
pirateria (f)	qarṣana (f)	قرصنة
arrembaggio (m)	muhāȝmat safīna (f)	مهاجمة سفينة

| bottino (m) | ɣanīma (f) | غنيمة |
| tesori (m) | kunūz (pl) | كنوز |

scoperta (f)	iktiʃāf (m)	إكتشاف
scoprire (~ nuove terre)	iktaʃaf	إكتشف
spedizione (f)	ba'θa (f)	بعثة

moschettiere (m)	fāris (m)	فارس
cardinale (m)	kardināl (m)	كاردينال
araldica (f)	ʃi'ārāt an nabāla (pl)	شعارات النبالة
araldico (agg)	χāṣṣ bi ʃi'ārāt an nabāla	خاص بشعارات النبالة

146

159. Leader. Capo. Le autorità

re (m)	malik (m)	ملك
regina (f)	malika (f)	ملكة
reale (agg)	malakiy	ملكي
regno (m)	mamlaka (f)	مملكة

| principe (m) | amīr (m) | أمير |
| principessa (f) | amīra (f) | أميرة |

presidente (m)	raʾīs (m)	رئيس
vicepresidente (m)	nāʾib ar raʾīs (m)	نائب الرئيس
senatore (m)	ʿudw maʒlis aʃ ʃuyūχ (m)	عضو مجلس الشيوخ

monarca (m)	ʿāhil (m)	عاهل
governante (m) (sovrano)	ḥākim (m)	حاكم
dittatore (m)	diktatūr (m)	ديكتاتور
tiranno (m)	ṭāɣiya (f)	طاغية
magnate (m)	ra'smāliy kabīr (m)	رأسمالي كبير

direttore (m)	mudīr (m)	مدير
capo (m)	raʾīs (m)	رئيس
dirigente (m)	mudīr (m)	مدير
capo (m)	raʾīs (m), mudīr (m)	رئيس, مدير
proprietario (m)	ṣāḥib (m)	صاحب

leader (m)	zaʾīm (m)	زعيم
capo (m) (~ delegazione)	raʾīs (m)	رئيس
autorità (f pl)	suluṭāt (pl)	سلطات
superiori (m pl)	ru'asā' (pl)	رؤساء

governatore (m)	muḥāfiz (m)	محافظ
console (m)	qunṣul (m)	قنصل
diplomatico (m)	diblumāsiy (m)	دبلوماسي
sindaco (m)	raʾīs al baladiyya (m)	رئيس البلدية
sceriffo (m)	ʃarīf (m)	شريف

imperatore (m)	imbiraṭūr (m)	إمبراطور
zar (m)	qayṣar (m)	قيصر
faraone (m)	fir'awn (m)	فرعون
khan (m)	χān (m)	خان

160. Infrangere la legge. Criminali. Parte 1

bandito (m)	qāṭiʿ ṭarīq (m)	قاطع طريق
delitto (m)	ʒarīma (f)	جريمة
criminale (m)	muʒrim (m)	مجرم

ladro (m)	sāriq (m)	سارق
rubare (vi, vt)	saraq	سرق
furto (m), ruberia (f)	sirqa (f)	سرقة
rapire (vt)	χaṭaf	خطف
rapimento (m)	χaṭf (m)	خطف

Italiano	Traslitterazione	العربية
rapitore (m)	χāṭif (m)	خاطف
riscatto (m)	fidya (f)	فدية
chiedere il riscatto	ṭalab fidya	طلب فدية
rapinare (vt)	nahab	نهب
rapina (f)	nahb (m)	نهب
rapinatore (m)	nahhāb (m)	نهّاب
estorcere (vt)	balṭaʒ	بلطج
estorsore (m)	balṭaʒiy (m)	بلطجيّ
estorsione (f)	balṭaʒa (f)	بلطجة
uccidere (vt)	qatal	قتل
assassinio (m)	qatl (m)	قتل
assassino (m)	qātil (m)	قاتل
sparo (m)	ṭalaqat nār (f)	طلقة نار
tirare un colpo	aṭlaq an nār	أطلق النار
abbattere (con armi da fuoco)	qatal bir ruṣāṣ	قتل بالرصاص
sparare (vi)	aṭlaq an nār	أطلق النار
sparatoria (f)	iṭlāq an nār (m)	إطلاق النار
incidente (m) (rissa, ecc.)	ḥādiθ (m)	حادث
rissa (f)	ʿirāk (m)	عراك
Aiuto!	sāʿidni	ساعدني!
vittima (f)	ḍaḥiyya (f)	ضحيّة
danneggiare (vt)	atlaf	أتلف
danno (m)	χasāra (f)	خسارة
cadavere (m)	ʒuθθa (f)	جثّة
grave (reato ~)	ʿanīf	عنيف
aggredire (vt)	haʒam	هجم
picchiare (vt)	ḍarab	ضرب
malmenare (picchiare)	ḍarab	ضرب
sottrarre (vt)	salab	سلب
accoltellare a morte	ṭaʿan ḥatta al mawt	طعن حتّى الموت
mutilare (vt)	ʃawwah	شوّه
ferire (vt)	ʒaraḥ	جرح
ricatto (m)	balṭaʒa (f)	بلطجة
ricattare (vt)	ibtazz	إبتزّ
ricattatore (m)	mubtazz (m)	مبتزّ
estorsione (f)	naṣb (m)	نصب
estortore (m)	naṣṣāb (m)	نصّاب
gangster (m)	raʒul ʿiṣāba (m)	رجل عصابة
mafia (f)	māfia (f)	مافيا
borseggiatore (m)	naʃʃāl (m)	نشّال
scassinatore (m)	liṣṣ buyūt (m)	لصّ بيوت
contrabbando (m)	tahrīb (m)	تهريب
contrabbandiere (m)	muharrib (m)	مهرّب
falsificazione (f)	tazwīr (m)	تزوير
falsificare (vt)	zawwar	زوّر
falso, falsificato (agg)	muzawwar	مزوّر

161. Infrangere la legge. Criminali. Parte 2

stupro (m)	iɣtiṣāb (m)	إغتصاب
stuprare (vt)	iɣtaṣab	إغتصب
stupratore (m)	muɣtaṣib (m)	مغتصب
maniaco (m)	mahwūs (m)	مهووس
prostituta (f)	'āhira (f)	عاهرة
prostituzione (f)	da'āra (f)	دعارة
magnaccia (m)	qawwād (m)	قوّاد
drogato (m)	mudmin muxaddirāt (m)	مدمن مخدّرات
trafficante (m) di droga	tāʒir muxaddirāt (m)	تاجر مخدّرات
far esplodere	faʒʒar	فجّر
esplosione (f)	infiʒār (m)	إنفجار
incendiare (vt)	aʃʕal an nār	أشعل النار
incendiario (m)	muʃʕil ḥarīq (m)	مشعل حريق
terrorismo (m)	irhāb (m)	إرهاب
terrorista (m)	irhābiy (m)	إرهابيّ
ostaggio (m)	rahīna (m)	رهينة
imbrogliare (vt)	iḥtāl	إحتال
imbroglio (m)	iḥtiyāl (m)	إحتيال
imbroglione (m)	muḥtāl (m)	محتال
corrompere (vt)	raʃa	رشا
corruzione (f)	irtiʃā' (m)	إرتشاء
bustarella (f)	raʃwa (f)	رشوة
veleno (m)	samm (m)	سمّ
avvelenare (vt)	sammam	سمّم
avvelenarsi (vr)	sammam nafsahu	سمّم نفسه
suicidio (m)	intiḥār (m)	إنتحار
suicida (m)	muntaḥir (m)	منتحر
minacciare (vt)	haddad	هدّد
minaccia (f)	tahdīd (m)	تهديد
attentare (vi)	ḥāwal iɣtiyāl	حاول الإغتيال
attentato (m)	muḥāwalat iɣtiyāl (f)	محاولة إغتيال
rubare (~ una macchina)	saraq	سرق
dirottare (~ un aereo)	ixtaṭaf	إختطف
vendetta (f)	intiqām (m)	إنتقام
vendicare (vt)	intaqam	إنتقم
torturare (vt)	'aððab	عذّب
tortura (f)	ta'ðīb (m)	تعذيب
maltrattare (vt)	'aððab	عذّب
pirata (m)	qurṣān (m)	قرصان
teppista (m)	wabaʃ (m)	وبش

armato (agg)	musallaḥ	مسلّح
violenza (f)	'unf (m)	عنف
illegale (agg)	ɣayr qānūniy	غير قانونيّ

| spionaggio (m) | taʒassas (m) | تجسّس |
| spiare (vi) | taʒassas | تجسّس |

162. Polizia. Legge. Parte 1

| giustizia (f) | qaḍā' (m) | قضاء |
| tribunale (m) | maḥkama (f) | محكمة |

giudice (m)	qāḍi (m)	قاض
giurati (m)	muḥallafūn (pl)	محلّفون
processo (m) con giuria	qaḍā' al muḥallafīn (m)	قضاء المحلّفين
giudicare (vt)	ḥakam	حكم

avvocato (m)	muḥāmi (m)	محام
imputato (m)	mudda'a 'alayh (m)	مدّعى عليه
banco (m) degli imputati	qafṣ al ittihām (m)	قفص الإتّهام

| accusa (f) | ittihām (m) | إتّهام |
| accusato (m) | muttaham (m) | متّهم |

| condanna (f) | ḥukm (m) | حكم |
| condannare (vt) | ḥakam | حكم |

colpevole (m)	muðnib (m)	مذنب
punire (vt)	'āqab	عاقب
punizione (f)	'uqūba (f), 'iqāb (m)	عقوبة, عقاب

multa (f), ammenda (f)	ɣarāma (f)	غرامة
ergastolo (m)	siʒn mada al ḥayāt (m)	سجن مدى الحياة
pena (f) di morte	'uqūbat 'i'dām (f)	عقوبة إعدام
sedia (f) elettrica	kursiy kaharabā'iy (m)	كرسيّ كهربائيّ
impiccagione (f)	maʃnaqa (f)	مشنقة

| giustiziare (vt) | a'dam | أعدم |
| esecuzione (f) | i'dām (m) | إعدام |

| prigione (f) | siʒn (m) | سجن |
| cella (f) | zinzāna (f) | زنزانة |

scorta (f)	ḥirāsa (f)	حراسة
guardia (f) carceraria	ḥāris siʒn (m)	حارس سجن
prigioniero (m)	saʒīn (m)	سجين

| manette (f pl) | aṣfād (pl) | أصفاد |
| mettere le manette | ṣaffad | صفّد |

fuga (f)	hurūb min as siʒn (m)	هروب من السجن
fuggire (vi)	harab	هرب
scomparire (vi)	iχtafa	إختفى
liberare (vt)	aχla sabīl	أخلى سبيل

amnistia (f)	ʿafw ʿāmm (m)	عفو عامّ
polizia (f)	ʃurṭa (f)	شرطة
poliziotto (m)	ʃurṭiy (m)	شرطيّ
commissariato (m)	qism ʃurṭa (m)	قسم شرطة
manganello (m)	hirāwat aʃ ʃurṭiy (f)	هراوة الشرطيّ
altoparlante (m)	būq (m)	بوق
macchina (f) di pattuglia	sayyārat dawrīyyāt (f)	سيّارة دوريّات
sirena (f)	ṣaffārat inðār (f)	صفّارة إنذار
mettere la sirena	aṭlaq sirīna	أطلق سرينة
suono (m) della sirena	ṣawt sirīna (m)	صوت سرينة
luogo (m) del crimine	masraḥ al ʒarīma (m)	مسرح الجريمة
testimone (m)	ʃāhid (m)	شاهد
libertà (f)	ḥurriyya (f)	حرّية
complice (m)	ʃarīk fil ʒarīma (m)	شريك في الجريمة
fuggire (vi)	harab	هرب
traccia (f)	aθar (m)	أثر

163. Polizia. Legge. Parte 2

ricerca (f) (~ di un criminale)	baḥθ (m)	بحث
cercare (vt)	baḥaθ	بحث
sospetto (m)	ʃubha (f)	شبهة
sospetto (agg)	maʃbūh	مشبوه
fermare (vt)	awqaf	أوقف
arrestare (qn)	iʿtaqal	إعتقل
causa (f)	qaḍiyya (f)	قضيّة
inchiesta (f)	taḥqīq (m)	تحقيق
detective (m)	muḥaqqiq (m)	محقّق
investigatore (m)	mufattiʃ (m)	مفتّش
versione (f)	riwāya (f)	رواية
movente (m)	dāfiʿ (m)	دافع
interrogatorio (m)	istiʒwāb (m)	إستجواب
interrogare (sospetto)	istaʒwab	إستجوب
interrogare (vicini)	istanṭaq	إستنطق
controllo (m) (~ di polizia)	faḥṣ (m)	فحص
retata (f)	ʒamʿ (m)	جمع
perquisizione (f)	taftīʃ (m)	تفتيش
inseguimento (m)	muṭārada (f)	مطاردة
inseguire (vt)	ṭārad	طارد
essere sulle tracce	ṭābaʿ	تابع
arresto (m)	iʿtiqāl (m)	إعتقال
arrestare (qn)	iʿtaqal	إعتقل
catturare (~ un ladro)	qabaḍ	قبض
cattura (f)	qabḍ (m)	قبض
documento (m)	waθīqa (f)	وثيقة
prova (f), reperto (m)	dalīl (m)	دليل
provare (vt)	aθbat	أثبت

impronta (f) del piede	baṣma (f)	بصمة
impronte (f pl) digitali	baṣamāt al aṣābi' (pl)	بصمات الأصابع
elemento (m) di prova	dalīl (m)	دليل

alibi (m)	daf' bil ɣayba (f)	دفع بالغيبة
innocente (agg)	barī'	بريء
ingiustizia (f)	ẓulm (m)	ظلم
ingiusto (agg)	ɣayr 'ādil	غير عادل

criminale (agg)	iʒrāmiy	إجرامي
confiscare (vt)	ṣādar	صادر
droga (f)	muxaddirāt (pl)	مخدّرات
armi (f pl)	silāḥ (m)	سلاح
disarmare (vt)	ʒarrad min as silāḥ	جرّد من السلاح
ordinare (vt)	amar	أمر
sparire (vi)	ixtafa	إختفى

legge (f)	qānūn (m)	قانون
legale (agg)	qānūniy, ʃar'iy	قانوني، شرعي
illegale (agg)	ɣayr qanūny, ɣayr ʃar'i	غير قانوني، غير شرعي

responsabilità (f)	mas'ūliyya (f)	مسؤولية
responsabile (agg)	mas'ūl (m)	مسؤول

LA NATURA

La Terra. Parte 1

164. L'Universo

Italiano	Traslitterazione	Arabo
cosmo (m)	faḍā' (m)	فضاء
cosmico, spaziale (agg)	faḍā'iy	فضائيَ
spazio (m) cosmico	faḍā' (m)	فضاء
mondo (m)	'ālam (m)	عالم
universo (m)	al kawn (m)	الكون
galassia (f)	al maʒarra (f)	المجرّة
stella (f)	naʒm (m)	نجم
costellazione (f)	burʒ (m)	برج
pianeta (m)	kawkab (m)	كوكب
satellite (m)	qamar ṣinā'iy (m)	قمر صناعيَ
meteorite (m)	haʒar nayzakiy (m)	حجر نيزكيَ
cometa (f)	muðannab (m)	مذنَب
asteroide (m)	kuwaykib (m)	كويكب
orbita (f)	madār (m)	مدار
ruotare (vi)	dār	دار
atmosfera (f)	al ɣilāf al ʒawwiy (m)	الغلاف الجوّيَ
il Sole	aʃ ʃams (f)	الشمس
sistema (m) solare	al maʒmū'a aʃ ʃamsiyya (f)	المجموعة الشمسيَة
eclisse (f) solare	kusūf aʃ ʃams (m)	كسوف الشمس
la Terra	al arḍ (f)	الأرض
la Luna	al qamar (m)	القمر
Marte (m)	al mirrīχ (m)	المرَيخ
Venere (f)	az zahra (f)	الزهرة
Giove (m)	al muʃtari (m)	المشتري
Saturno (m)	zuhal (m)	زحل
Mercurio (m)	'aṭārid (m)	عطارد
Urano (m)	urānus (m)	اورانوس
Nettuno (m)	nibtūn (m)	نبتون
Plutone (m)	blūtu (m)	بلوتو
Via (f) Lattea	darb at tabbāna (m)	درب التبَانة
Orsa (f) Maggiore	ad dubb al akbar (m)	الدبَ الأكبر
Stella (f) Polare	naʒm al 'quṭb (m)	نجم القطب
marziano (m)	sākin al mirrīχ (m)	ساكن المرَيخ
extraterrestre (m)	faḍā'iy (m)	فضائيَ

alieno (m)	faḍā'iy (m)	فضائيٌ
disco (m) volante	ṭabaq ṭā'ir (m)	طبق طائر
nave (f) spaziale	markaba faḍā'iyya (f)	مركبة فضائيّة
stazione (f) spaziale	maḥaṭṭat faḍā' (f)	محطّة فضاء
lancio (m)	inṭilāq (m)	إنطلاق
motore (m)	mutūr (m)	موتور
ugello (m)	manfaθ (m)	منفث
combustibile (m)	wuqūd (m)	وقود
cabina (f) di pilotaggio	kabīna (f)	كابينة
antenna (f)	hawā'iy (m)	هوائيٌ
oblò (m)	kuwwa mustadīra (f)	كوّة مستديرة
batteria (f) solare	lawḥ ʃamsiy (m)	لوح شمسيٌ
scafandro (m)	baðlat al faḍā' (f)	بذلة الفضاء
imponderabilità (f)	in'idām al wazn (m)	إنعدام الوزن
ossigeno (m)	uksiʒīn (m)	أكسجين
aggancio (m)	rasw (m)	رسو
agganciarsi (vr)	rasa	رسا
osservatorio (m)	marṣad (m)	مرصد
telescopio (m)	tiliskūp (m)	تلسكوب
osservare (vt)	rāqab	راقب
esplorare (vt)	istakʃaf	إستكشف

165. La Terra

la Terra	al arḍ (f)	الأرض
globo (m) terrestre	al kura al arḍiyya (f)	الكرة الأرضيّة
pianeta (m)	kawkab (m)	كوكب
atmosfera (f)	al ɣilāf al ʒawwiy (m)	الغلاف الجوّيَ
geografia (f)	ʒuɣrāfiya (f)	جغرافيا
natura (f)	ṭabīʕa (f)	طبيعة
mappamondo (m)	namūðaʒ lil kura al arḍiyya (m)	نموذج للكرة الأرضيّة
carta (f) geografica	χarīṭa (f)	خريطة
atlante (m)	aṭlas (m)	أطلس
Europa (f)	urūbba (f)	أوروبّا
Asia (f)	'āsiya (f)	آسيا
Africa (f)	afrīqiya (f)	أفريقيا
Australia (f)	usturāliya (f)	أستراليا
America (f)	amrīka (f)	أمريكا
America (f) del Nord	amrīka aʃ ʃimāliyya (f)	أمريكا الشماليّة
America (f) del Sud	amrīka al ʒanūbiyya (f)	أمريكا الجنوبيّة
Antartide (f)	al quṭb al ʒanūbiy (m)	القطب الجنوبيَ
Artico (m)	al quṭb aʃ ʃimāliy (m)	القطب الشمالي

166. Punti cardinali

nord (m)	ʃimāl (m)	شمال
a nord	ilaʃ ʃimāl	إلى الشمال
al nord	fiʃ ʃimāl	في الشمال
del nord (agg)	ʃimāliy	شماليّ
sud (m)	ʒanūb (m)	جنوب
a sud	ilal ʒanūb	إلى الجنوب
al sud	fil ʒanūb	في الجنوب
del sud (agg)	ʒanūbiy	جنوبي
ovest (m)	ɣarb (m)	غرب
a ovest	ilal ɣarb	إلى الغرب
all'ovest	fil ɣarb	في الغرب
dell'ovest, occidentale	ɣarbiy	غربيّ
est (m)	ʃarq (m)	شرق
a est	ilaʃ ʃarq	إلى الشرق
all'est	fiʃ ʃarq	في الشرق
dell'est, orientale	ʃarqiy	شرقيّ

167. Mare. Oceano

mare (m)	baḥr (m)	بحر
oceano (m)	muḥīṭ (m)	محيط
golfo (m)	xalīʒ (m)	خليج
stretto (m)	maḍīq (m)	مضيق
terra (f) (terra firma)	barr (m)	برّ
continente (m)	qārra (f)	قارّة
isola (f)	ʒazīra (f)	جزيرة
penisola (f)	ʃibh ʒazīra (f)	شبه جزيرة
arcipelago (m)	maʒmūʿat ʒuzur (f)	مجموعة جزر
baia (f)	xalīʒ (m)	خليج
porto (m)	mīnāʾ (m)	ميناء
laguna (f)	buḥayra ʃāṭiʾa (f)	بحيرة شاطئة
capo (m)	raʾs (m)	رأس
atollo (m)	ʒazīra marʒāniyya istiwāʾiyya (f)	جزيرة مرجانيّة إستوائيّة
scogliera (f)	ʃiʿāb (pl)	شعاب
corallo (m)	murʒān (m)	مرجان
barriera (f) corallina	ʃiʿāb marʒāniyya (pl)	شعاب مرجانيّة
profondo (agg)	ʿamīq	عميق
profondità (f)	ʿumq (m)	عمق
abisso (m)	mahwāt (f)	مهواة
fossa (f) (~ delle Marianne)	xandaq (m)	خندق
corrente (f)	tayyār (m)	تيّار
circondare (vt)	aḥāṭ	أحاط

litorale (m)	sāḥil (m)	ساحل
costa (f)	sāḥil (m)	ساحل
alta marea (f)	madd (m)	مَدّ
bassa marea (f)	ӡazr (m)	جزر
banco (m) di sabbia	miyāh ḍaḥla (f)	مياه ضحلة
fondo (m)	qāʿ (m)	قاع
onda (f)	mawӡa (f)	موجة
cresta (f) dell'onda	qimmat mawӡa (f)	قمّة موجة
schiuma (f)	zabad al baḥr (m)	زبد البحر
tempesta (f)	ʿāṣifa (f)	عاصفة
uragano (m)	iʿṣār (m)	إعصار
tsunami (m)	tsunāmi (m)	تسونامي
bonaccia (f)	hudūʾ (m)	هدوء
tranquillo (agg)	hādiʾ	هادئ
polo (m)	quṭb (m)	قطب
polare (agg)	quṭby	قطبيّ
latitudine (f)	ʿarḍ (m)	عرض
longitudine (f)	ṭūl (m)	طول
parallelo (m)	mutawāzi (m)	متواز
equatore (m)	xaṭṭ al istiwāʾ (m)	خط الإستواء
cielo (m)	samāʾ (f)	سماء
orizzonte (m)	ufuq (m)	أفق
aria (f)	hawāʾ (m)	هواء
faro (m)	manāra (f)	منارة
tuffarsi (vr)	ɣāṣ	غاص
affondare (andare a fondo)	ɣariq	غرق
tesori (m)	kunūz (pl)	كنوز

168. Montagne

monte (m), montagna (f)	ӡabal (m)	جبل
catena (f) montuosa	silsilat ӡibāl (f)	سلسلة جبال
crinale (m)	qimam ӡabaliyya (pl)	قمم جبليّة
cima (f)	qimma (f)	قمّة
picco (m)	qimma (f)	قمّة
piedi (m pl)	asfal (m)	أسفل
pendio (m)	munḥadar (m)	منحدر
vulcano (m)	burkān (m)	بركان
vulcano (m) attivo	burkān naʃiṭ (m)	بركان نشط
vulcano (m) inattivo	burkān xāmid (m)	بركان خامد
eruzione (f)	θawrān (m)	ثوران
cratere (m)	fūhat al burkān (f)	فوهة البركان
magma (m)	māɣma (f)	ماغما
lava (f)	ḥumam burkāniyya (pl)	حمم بركانيّة

fuso (lava ~a)	munṣahira	منصهرة
canyon (m)	tal'a (m)	تلعة
gola (f)	wādi ḍayyiq (m)	واد ضيّق
crepaccio (m)	ʃaqq (m)	شق
precipizio (m)	hāwiya (f)	هاوية
passo (m), valico (m)	mamarr ʒabaliy (m)	ممرّ جبليّ
altopiano (m)	haḍba (f)	هضبة
falesia (f)	ʒurf (m)	جرف
collina (f)	tall (m)	تلّ
ghiacciaio (m)	nahr ʒalīdiy (m)	نهر جليديّ
cascata (f)	ʃallāl (m)	شلّال
geyser (m)	fawwāra ḥārra (m)	فوّارة حارّة
lago (m)	buḥayra (f)	بحيرة
pianura (f)	sahl (m)	سهل
paesaggio (m)	manẓar tabīiy (m)	منظر طبيعيّ
eco (f)	ṣada (m)	صدى
alpinista (m)	mutasalliq al ʒibāl (m)	متسلّق الجبال
scalatore (m)	mutasalliq ṣuxūr (m)	متسلّق صخور
conquistare (~ una cima)	taɣallab 'ala	تغلّب على
scalata (f)	tasalluq (m)	تسلّق

169. Fiumi

fiume (m)	nahr (m)	نهر
fonte (f) (sorgente)	'ayn (m)	عين
letto (m) (~ del fiume)	maʒra an nahr (m)	مجرى النهر
bacino (m)	ḥawḍ (m)	حوض
sfociare nel ...	ṣabb fi ...	صبّ في...
affluente (m)	rāfid (m)	رافد
riva (f)	ḍiffa (f)	ضفّة
corrente (f)	tayyār (m)	تيّار
a valle	f ittiʒāh maʒra an nahr	في إتجاه مجرى النهر
a monte	ḍidd at tayyār	ضدّ التيّار
inondazione (f)	ɣamr (m)	غمر
piena (f)	fayaḍān (m)	فيضان
straripare (vi)	fāḍ	فاض
inondare (vt)	ɣamar	غمر
secca (f)	miyāh ḍaḥla (f)	مياه ضحلة
rapida (f)	munḥadar an nahr (m)	منحدر النهر
diga (f)	sadd (m)	سدّ
canale (m)	qanāt (f)	قناة
bacino (m) di riserva	xazzān māʔiy (m)	خزّان مائيّ
chiusa (f)	hawīs (m)	هويس
specchio (m) d'acqua	masṭaḥ māʔiy (m)	مسطح مائيّ
palude (f)	mustanqa' (m)	مستنقع

pantano (m)	mustanqaʻ (m)	مستنقع
vortice (m)	dawwāma (f)	دوّامة

ruscello (m)	ʒadwal māʼiy (m)	جدول مائيّ
potabile (agg)	aʃʃurb	الشرب
dolce (di acqua ~)	ʻaðb	عذب

ghiaccio (m)	ʒalīd (m)	جليد
ghiacciarsi (vr)	taʒammad	تجمّد

170. Foresta

foresta (f)	ɣāba (f)	غابة
forestale (agg)	ɣāba	غابة

foresta (f) fitta	ɣāba kaθīfa (f)	غابة كثيفة
boschetto (m)	ɣāba ṣaɣīra (f)	غابة صغيرة
radura (f)	minṭaqa uzīlat minha al aʃʒār (f)	منطقة أزيلت منها الأشجار

roveto (m)	aʒama (f)	أجمة
boscaglia (f)	ʃuʒayrāt (pl)	شجيرات

sentiero (m)	mamarr (m)	ممرّ
calanco (m)	wādi ḍayyiq (m)	واد ضيّق

albero (m)	ʃaʒara (f)	شجرة
foglia (f)	waraqa (f)	ورقة
fogliame (m)	waraq (m)	ورق

caduta (f) delle foglie	tasāquṭ al awrāq (m)	تساقط الأوراق
cadere (vi)	saqaṭ	سقط
cima (f)	raʼs (m)	رأس

ramo (m), ramoscello (m)	ɣuṣn (m)	غصن
ramo (m)	ɣuṣn (m)	غصن
gemma (f)	burʻum (m)	برعم
ago (m)	ʃawka (f)	شوكة
pigna (f)	kūz aṣ ṣanawbar (m)	كوز الصنوبر

cavità (f)	ʒawf (m)	جوف
nido (m)	ʻuʃʃ (m)	عشّ
tana (f) (del fox, ecc.)	ʒuḥr (m)	جحر

tronco (m)	ʒiðʻ (m)	جذع
radice (f)	ʒiðr (m)	جذر
corteccia (f)	liḥāʼ (m)	لحاء
musco (m)	ṭuḥlub (m)	طحلب

sradicare (vt)	iqtalaʻ	إقتلع
abbattere (~ un albero)	qaṭaʻ	قطع
disboscare (vt)	azāl al ɣābāt	أزال الغابات
ceppo (m)	ʒiðʻ aʃ ʃaʒara (m)	جذع الشجرة
falò (m)	nār muxayyam (m)	نار مخيّم

| incendio (m) boschivo | ḥarīq ɣāba (m) | حريق غابة |
| spegnere (vt) | aṭfa' | أطفأ |

guardia (f) forestale	ḥāris al ɣāba (m)	حارس الغابة
protezione (f)	ḥimāya (f)	حماية
proteggere (~ la natura)	ḥama	حمى
bracconiere (m)	sāriq aṣ ṣayd (m)	سارق الصيد
tagliola (f) (~ per orsi)	maṣyada (f)	مصيدة

| raccogliere (vt) | ӡama' | جمع |
| perdersi (vr) | tāh | تاه |

171. Risorse naturali

risorse (f pl) naturali	θarawāt ṭabī'iyya (pl)	ثروات طبيعية
minerali (m pl)	ma'ādin (pl)	معادن
deposito (m) (~ di carbone)	makāmin (pl)	مكامن
giacimento (m) (~ petrolifero)	ḥaql (m)	حقل

estrarre (vt)	istaχraӡ	إستخرج
estrazione (f)	istiχrāӡ (m)	إستخراج
minerale (m) grezzo	χām (m)	خام
miniera (f)	manӡam (m)	منجم
pozzo (m) di miniera	manӡam (m)	منجم
minatore (m)	'āmil manӡam (m)	عامل منجم

| gas (m) | ɣāz (m) | غاز |
| gasdotto (m) | χaṭṭ anābīb ɣāz (m) | خط أنابيب غاز |

petrolio (m)	nafṭ (m)	نفط
oleodotto (m)	anābīb an nafṭ (pl)	أنابيب النفط
torre (f) di estrazione	bi'r an nafṭ (m)	بئر النفط
torre (f) di trivellazione	ḥaffāra (f)	حفّارة
petroliera (f)	nāqilat an nafṭ (f)	ناقلة النفط

sabbia (f)	raml (m)	رمل
calcare (m)	ḥaӡar kalsiy (m)	حجر كلسيّ
ghiaia (f)	ḥaṣa (m)	حصى
torba (f)	χaθθ faḥm nabātiy (m)	خثّ فحم نباتيّ
argilla (f)	ṭīn (m)	طين
carbone (m)	faḥm (m)	فحم

ferro (m)	ḥadīd (m)	حديد
oro (m)	ðahab (m)	ذهب
argento (m)	fiḍḍa (f)	فضّة
nichel (m)	nikil (m)	نيكل
rame (m)	nuḥās (m)	نحاس

zinco (m)	zink (m)	زنك
manganese (m)	manɣanīz (m)	منغنيز
mercurio (m)	zi'baq (m)	زئبق
piombo (m)	ruṣāṣ (m)	رصاص
minerale (m)	ma'dan (m)	معدن
cristallo (m)	ballūra (f)	بلّورة

159

Italiano	Traslitterazione	Arabo
marmo (m)	ruχām (m)	رخام
uranio (m)	yurānuim (m)	يورانيوم

La Terra. Parte 2

172. Tempo

tempo (m)	ṭaqs (m)	طقس
previsione (f) del tempo	naʃra ʒawwiyya (f)	نشرة جوّيّة
temperatura (f)	ḥarāra (f)	حرارة
termometro (m)	tirmūmitr (m)	ترمومتر
barometro (m)	barūmitr (m)	بارومتر
umido (agg)	raṭib	رطب
umidità (f)	ruṭūba (f)	رطوبة
caldo (m), afa (f)	ḥarāra (f)	حرارة
molto caldo (agg)	ḥārr	حارّ
fa molto caldo	al ʒaww ḥārr	الجوّ حارّ
fa caldo	al ʒaww dāfiʾ	الجوّ دافئ
caldo, mite (agg)	dāfiʾ	دافئ
fa freddo	al ʒaww bārid	الجوّ بارد
freddo (agg)	bārid	بارد
sole (m)	ʃams (f)	شمس
splendere (vi)	aḍāʾ	أضاء
di sole (una giornata ~)	muʃmis	مشمس
sorgere, levarsi (vr)	ʃaraq	شرق
tramontare (vi)	ɣarab	غرب
nuvola (f)	saḥāba (f)	سحابة
nuvoloso (agg)	ɣāʾim	غائم
nube (f) di pioggia	saḥābat maṭar (f)	سحابة مطر
nuvoloso (agg)	ɣāʾim	غائم
pioggia (f)	maṭar (m)	مطر
piove	innaha tamṭur	إنّها تمطر
piovoso (agg)	mumṭir	ممطر
piovigginare (vi)	raðð	رذ
pioggia (f) torrenziale	maṭar munhamir (f)	مطر منهمر
acquazzone (m)	maṭar ɣazīr (m)	مطر غزير
forte (una ~ pioggia)	ʃadīd	شديد
pozzanghera (f)	birka (f)	بركة
bagnarsi (~ sotto la pioggia)	ibtall	إبتلّ
foschia (f), nebbia (f)	ḍabāb (m)	ضباب
nebbioso (agg)	muḍabbab	مضبّب
neve (f)	θalʒ (m)	ثلج
nevica	innaha taθluʒ	إنّها تثلج

173. Rigide condizioni metereologiche. Disastri naturali

temporale (m)	ʿāṣifa raʿdiyya (f)	عاصفة رعديّة
fulmine (f)	barq (m)	برق
lampeggiare (vi)	baraq	برق
tuono (m)	raʿd (m)	رعد
tuonare (vi)	raʿad	رعد
tuona	tarʿad as samā'	ترعد السماء
grandine (f)	maṭar bard (m)	مطر برد
grandina	tamṭur as samā' bardan	تمطر السماء بردًا
inondare (vt)	yamar	غمر
inondazione (f)	fayaḍān (m)	فيضان
terremoto (m)	zilzāl (m)	زلزال
scossa (f)	hazza arḍiyya (f)	هزّة أرضيّة
epicentro (m)	markaz az zilzāl (m)	مركز الزلزال
eruzione (f)	θawrān (m)	ثوران
lava (f)	ḥumam burkāniyya (pl)	حمم بركانيّة
tromba (f), tornado (m)	iʿṣār (m)	إعصار
tifone (m)	ṭūfān (m)	طوفان
uragano (m)	iʿṣār (m)	إعصار
tempesta (f)	ʿāṣifa (f)	عاصفة
tsunami (m)	tsunāmi (m)	تسونامي
ciclone (m)	iʿṣār (m)	إعصار
maltempo (m)	ṭaqs sayyi' (m)	طقس سيّء
incendio (m)	ḥarīq (m)	حريق
disastro (m)	kāriθa (f)	كارثة
meteorite (m)	ḥaӡar nayzakiy (m)	حجر نيزكيّ
valanga (f)	inhiyār θalӡiy (m)	إنهيار ثلجيّ
slavina (f)	inhiyār θalӡiy (m)	إنهيار ثلجيّ
tempesta (f) di neve	ʿāṣifa θalӡiyya (f)	عاصفة ثلجيّة
bufera (f) di neve	ʿāṣifa θalӡiyya (f)	عاصفة ثلجيّة

Fauna

174. Mammiferi. Predatori

predatore (m)	ḥayawān muftaris (m)	حيوان مفترس
tigre (f)	namir (m)	نمر
leone (m)	asad (m)	أسد
lupo (m)	ði'b (m)	ذئب
volpe (m)	θa'lab (m)	ثعلب
giaguaro (m)	namir amrīkiy (m)	نمر أمريكيّ
leopardo (m)	fahd (m)	فهد
ghepardo (m)	namir ṣayyād (m)	نمر صيّاد
pantera (f)	namir aswad (m)	نمر أسود
puma (f)	būma (m)	بوما
leopardo (m) delle nevi	namir aθ θulūʒ (m)	نمر الثلوج
lince (f)	waʃaq (m)	وشق
coyote (m)	qayūṭ (m)	قيوط
sciacallo (m)	ibn 'āwa (m)	إبن آوى
iena (f)	ḍabu' (m)	ضبع

175. Animali selvatici

animale (m)	ḥayawān (m)	حيوان
bestia (f)	ḥayawān (m)	حيوان
scoiattolo (m)	sinʒāb (m)	سنجاب
riccio (m)	qumfuð (m)	قنفذ
lepre (f)	arnab barriy (m)	أرنب بريّ
coniglio (m)	arnab (m)	أرنب
tasso (m)	ɣarīr (m)	غرير
procione (f)	rākūn (m)	راكون
criceto (m)	qidād (m)	قداد
marmotta (f)	marmuṭ (m)	مرموط
talpa (f)	χuld (m)	خلد
topo (m)	fa'r (m)	فأر
ratto (m)	ʒurað (m)	جرذ
pipistrello (m)	χuffāʃ (m)	خفّاش
ermellino (m)	qāqum (m)	قاقم
zibellino (m)	sammūr (m)	سمّور
martora (f)	dalaq (m)	دلق
donnola (f)	ibn 'irs (m)	إبن عرس
visone (m)	mink (m)	منك

castoro (m)	qundus (m)	قندس
lontra (f)	quḍā'a (f)	قضاعة
cavallo (m)	ḥiṣān (m)	حصان
alce (m)	mūz (m)	موظ
cervo (m)	ayyil (m)	أيّل
cammello (m)	ʒamal (m)	جمل
bisonte (m) americano	bisūn (m)	بيسون
bisonte (m) europeo	θawr barriy (m)	ثور برّيّ
bufalo (m)	ʒāmūs (m)	جاموس
zebra (f)	ḥimār zarad (m)	حمار زرد
antilope (f)	ẓabiy (m)	ظبي
capriolo (m)	yaḥmūr (m)	يحمور
daino (m)	ayyil asmar urubbiy (m)	أيّل أسمر أوروبّيّ
camoscio (m)	ʃamwāh (f)	شاموآه
cinghiale (m)	xinzīr barriy (m)	خنزير برّيّ
balena (f)	ḥūt (m)	حوت
foca (f)	fuqma (f)	فقمة
tricheco (m)	faẓẓ (m)	فظّ
otaria (f)	fuqmat al firā' (f)	فقمة الفراء
delfino (m)	dilfin (m)	دلفين
orso (m)	dubb (m)	دبّ
orso (m) bianco	dubb quṭbiy (m)	دبّ قطبيّ
panda (m)	bānda (m)	باندا
scimmia (f)	qird (m)	قرد
scimpanzè (m)	ʃimbanzi (m)	شيمبانزي
orango (m)	urangutān (m)	أورنغوتان
gorilla (m)	ɣurīlla (f)	غوريلا
macaco (m)	qird al makāk (m)	قرد المكاك
gibbone (m)	ʒibbūn (m)	جبّون
elefante (m)	fīl (m)	فيل
rinoceronte (m)	xartīt (m)	خرتيت
giraffa (f)	zarāfa (f)	زرافة
ippopotamo (m)	faras an nahr (m)	فرس النهر
canguro (m)	kanɣar (m)	كنغر
koala (m)	kuala (m)	كوالا
mangusta (f)	nims (m)	نمس
cincillà (f)	ʃinʃīla (f)	شنشيلة
moffetta (f)	ẓaribān (m)	ظربان
istrice (m)	nīṣ (m)	نيص

176. Animali domestici

gatta (f)	qiṭṭa (f)	قطّة
gatto (m)	ðakar al qiṭṭ (m)	ذكر القطّ
cane (m)	kalb (m)	كلب

cavallo (m)	ḥiṣān (m)	حصان
stallone (m)	faḥl al xayl (m)	فحل الخيل
giumenta (f)	unθa al faras (f)	أنثى الفرس

mucca (f)	baqara (f)	بقرة
toro (m)	θawr (m)	ثور
bue (m)	θawr (m)	ثور

pecora (f)	xarūf (f)	خروف
montone (m)	kabʃ (m)	كبش
capra (f)	mā'iz (m)	ماعز
caprone (m)	ðakar al mā'ið (m)	ذكر الماعز

asino (m)	ḥimār (m)	حمار
mulo (m)	baɣl (m)	بغل

porco (m)	xinzīr (m)	خنزير
porcellino (m)	xannūṣ (m)	خنّوص
coniglio (m)	arnab (m)	أرنب

gallina (f)	daʒāʒa (f)	دجاجة
gallo (m)	dīk (m)	ديك

anatra (f)	baṭṭa (f)	بطّة
maschio (m) dell'anatra	ðakar al baṭṭ (m)	ذكر البطّ
oca (f)	iwazza (f)	إوزّة

tacchino (m)	dīk rūmiy (m)	ديك رومي
tacchina (f)	daʒāʒ rūmiy (m)	دجاج رومي

animali (m pl) domestici	ḥayawānāt dawāʒin (pl)	حيوانات دواجن
addomesticato (agg)	alīf	أليف
addomesticare (vt)	allaf	ألّف
allevare (vt)	rabba	ربّى

fattoria (f)	mazra'a (f)	مزرعة
pollame (m)	ṭuyūr dāʒina (pl)	طيور داجنة
bestiame (m)	māʃiya (f)	ماشية
branco (m), mandria (f)	qaṭī' (m)	قطيع

scuderia (f)	isṭabl xayl (m)	إسطبل خيل
porcile (m)	ḥaẓīrat al xanāzīr (f)	حظيرة الخنازير
stalla (f)	zirībat al baqar (f)	زريبة البقر
conigliera (f)	qunn al arānib (m)	قنّ الأرانب
pollaio (m)	qunn ad daʒāʒ (m)	قنّ الدجاج

177. Cani. Razze canine

cane (m)	kalb (m)	كلب
cane (m) da pastore	kalb ra'y (m)	كلب رعي
pastore (m) tedesco	kalb ar rā'i al almāniy (m)	كلب الراعي الألمانيّ
barbone (m)	būdli (m)	بودل
bassotto (m)	daʃhund (m)	دشهند
bulldog (m)	bulduɣ (m)	بلدغ

boxer (m)	buksir (m)	بوكسر
mastino (m)	mastīf (m)	ماستيف
rottweiler (m)	rut vāylir (m)	روت فايلر
dobermann (m)	dubirmān (m)	دوبرمان

bassotto (m)	bāsit (m)	باسيت
bobtail (m)	bubteyl (m)	بوبتبل
dalmata (m)	kalb dalmāsiy (m)	كلب دلماسي
cocker (m)	kukkir spaniil (m)	كوكر سبانييل

| terranova (m) | nyu faundland (m) | نيوفاوندلاند |
| sanbernardo (m) | san birnār (m) | سنبرنار |

husky (m)	haski (m)	هاسكي
chow chow (m)	tʃaw tʃaw (m)	تشاوتشاو
volpino (m)	ʃbītz (m)	شبينتز
carlino (m)	bāk (m)	باك

178. Versi emessi dagli animali

abbaiamento (m)	nubāḥ (m)	نباح
abbaiare (vi)	nabaḥ	نبح
miagolare (vi)	mā'	ماء
fare le fusa	xarxar	خرخر

muggire (vacca)	xār	خار
muggire (toro)	xār	خار
ringhiare (vi)	damdam	دمدم

ululato (m)	ʿuwā' (m)	عواء
ululare (vi)	ʿawa	عوى
guaire (vi)	ʿawa	عوى

belare (pecora)	ma'ma'	مأمأ
grugnire (maiale)	qabaʿ	قبع
squittire (vi)	ṣāḥ	صاح

gracidare (rana)	naqq	نقّ
ronzare (insetto)	ṭann	طنّ
frinire (vi)	zaqzaq	زقزق

179. Uccelli

uccello (m)	ṭā'ir (m)	طائر
colombo (m), piccione (m)	ḥamāma (f)	حمامة
passero (m)	ʿuṣfūr (m)	عصفور
cincia (f)	qurquf (m)	قرقف
gazza (f)	ʿaqʿaq (m)	عقعق

corvo (m)	ɣurāb aswad (m)	غراب أسود
cornacchia (f)	ɣurāb (m)	غراب
taccola (f)	zāɣ (m)	زاغ

corvo (m) nero	ɣurāb al qayẓ (m)	غراب القيظ
anatra (f)	baṭṭa (f)	بطّة
oca (f)	iwazza (f)	إوزّة
fagiano (m)	tadarruʒ (m)	تدرج

aquila (f)	nasr (m)	نسر
astore (m)	bāz (m)	باز
falco (m)	ṣaqr (m)	صقر

| grifone (m) | raɣam (m) | رخم |
| condor (m) | kundūr (m) | كشدور |

cigno (m)	timma (m)	تمّة
gru (f)	kurkiy (m)	كركي
cicogna (f)	laqlaq (m)	لقلق

pappagallo (m)	babaɣā' (m)	ببغاء
colibrì (m)	ṭannān (m)	طنّان
pavone (m)	ṭāwūs (m)	طاووس

| struzzo (m) | na'āma (f) | نعامة |
| airone (m) | balaʃūn (m) | بلشون |

| fenicottero (m) | nuḥām wardiy (m) | نحام ورديّ |
| pellicano (m) | baʒa'a (f) | بجعة |

| usignolo (m) | bulbul (m) | بلبل |
| rondine (f) | sunūnū (m) | سنونو |

tordo (m)	sumna (m)	سمنة
tordo (m) sasello	summuna muɣarrida (m)	سمنة مغرّدة
merlo (m)	ʃaḥrūr aswad (m)	شحرور أسود

rondone (m)	samāma (m)	سمامة
allodola (f)	qubbara (f)	قبّرة
quaglia (f)	sammān (m)	سمّان

picchio (m)	naqqār al ɣaʃab (m)	نقّار الخشب
cuculo (m)	waqwāq (m)	وقواق
civetta (f)	būma (f)	بومة
gufo (m) reale	būm urāsiy (m)	بوم أوراسيّ
urogallo (m)	dīk il ɣalanʒ (m)	ديك الخلنج

| fagiano (m) di monte | ṭayhūʒ aswad (m) | طيهوج أسود |
| pernice (f) | ḥaʒal (m) | حجل |

storno (m)	zurzūr (m)	زرزور
canarino (m)	kanāriy (m)	كناريّ
francolino (m) di monte	ṭayhūʒ il bunduq (m)	طيهوج البندق

| fringuello (m) | ʃurʃūr (m) | شرشور |
| ciuffolotto (m) | diɣnāʃ (m) | دغناش |

gabbiano (m)	nawras (m)	نورس
albatro (m)	al qaṭras (m)	القطرس
pinguino (m)	biṭrīq (m)	بطريق

180. Uccelli. Cinguettio e versi

cantare (vi)	ɣanna	غنّى
gridare (vi)	nāda	نادى
cantare (gallo)	ṣāḥ	صاح
chicchirichì (m)	kukukuku	كوكوكوكو

chiocciare (gallina)	qaraq	قرق
gracchiare (vi)	na'aq	نعق
fare qua qua	baṭbaṭ	بطبط
pigolare (vi)	ṣa'ṣa'	صأصأ
cinguettare (vi)	zaqzaq	زقزق

181. Pesci. Animali marini

abramide (f)	abramīs (m)	أبراميس
carpa (f)	ʃabbūṭ (m)	شبّوط
perca (f)	farχ (m)	فرخ
pesce (m) gatto	qarmūṭ (m)	قرموط
luccio (m)	samak al karāki (m)	سمك الكراكي

salmone (m)	salmūn (m)	سلمون
storione (m)	ḥaʃʃ (m)	حفش

aringa (f)	rinʒa (f)	رنجة
salmone (m)	salmūn aṭlasiy (m)	سلمون أطلسيّ
scombro (m)	usqumriy (m)	أسقمريّ
sogliola (f)	samak mufalṭaḥ (f)	سمك مفلطح

lucioperca (f)	samak sandar (m)	سمك سندر
merluzzo (m)	qudd (m)	قدّ
tonno (m)	tūna (f)	تونة
trota (f)	salmūn muraqqaṭ (m)	سلمون مرقّط

anguilla (f)	ḥankalīs (m)	حنكليس
torpedine (f)	ra''ād (m)	رعّاد
murena (f)	murāy (m)	موراي
piranha (f)	birāna (f)	بيرانا

squalo (m)	qirʃ (m)	قرش
delfino (m)	dilfīn (m)	دلفين
balena (f)	ḥūt (m)	حوت

granchio (m)	salṭa'ūn (m)	سلطعون
medusa (f)	qindīl al baḥr (m)	قنديل البحر
polpo (m)	uχṭubūṭ (m)	أخطبوط

stella (f) marina	naʒmat al baḥr (f)	نجمة البحر
riccio (m) di mare	qumfuð al baḥr (m)	قنفذ البحر
cavalluccio (m) marino	ḥiṣān al baḥr (m)	فرس البحر

ostrica (f)	maḥār (m)	محار
gamberetto (m)	ʒambari (m)	جمبريّ

astice (m)	istakūza (f)	إستكوزا
aragosta (f)	karkand ʃāik (m)	كركند شائك

182. Anfibi. Rettili

serpente (m)	θuʿbān (m)	ثعبان
velenoso (agg)	sāmm	سامّ
vipera (f)	afʿa (f)	أفعى
cobra (m)	kūbra (m)	كوبرا
pitone (m)	biθūn (m)	بيثون
boa (m)	buwāʾ (f)	بواء
biscia (f)	θuʿbān al ʿuʃb (m)	ثعبان العشب
serpente (m) a sonagli	afʿa al ʒalʒala (f)	أفعى الجلجلة
anaconda (f)	anakūnda (f)	أناكوندا
lucertola (f)	siḥliyya (f)	سحليّة
iguana (f)	iɣwāna (f)	إغوانة
varano (m)	waral (m)	ورل
salamandra (f)	samandar (m)	سمندر
camaleonte (m)	ḥirbāʾ (f)	حرباء
scorpione (m)	ʿaqrab (m)	عقرب
tartaruga (f)	sulaḥfāt (f)	سلحفاة
rana (f)	ḍifḍaʿ (m)	ضفدع
rospo (m)	ḍifḍaʿ aṭ ṭīn (m)	ضفدع الطين
coccodrillo (m)	timsāḥ (m)	تمساح

183. Insetti

insetto (m)	haʃara (f)	حشرة
farfalla (f)	farāʃa (f)	فراشة
formica (f)	namla (f)	نملة
mosca (f)	ðubāba (f)	ذبابة
zanzara (f)	namūsa (f)	ناموسة
scarabeo (m)	xunfusa (f)	خنفسة
vespa (f)	dabbūr (m)	دبّور
ape (f)	naḥla (f)	نحلة
bombo (m)	naḥla ṭannāna (f)	نحلة طنّانة
tafano (m)	naʿra (f)	نعرة
ragno (m)	ʿankabūt (m)	عنكبوت
ragnatela (f)	nasīʒ ʿankabūt (m)	نسيج عنكبوت
libellula (f)	yaʿsūb (m)	يعسوب
cavalletta (f)	ʒarād (m)	جراد
farfalla (f) notturna	ʿitta (f)	عتّة
scarafaggio (m)	ṣurṣūr (m)	صرصور
zecca (f)	qurāda (f)	قرادة

| pulce (f) | buryūθ (m) | برغوث |
| moscerino (m) | ba'ūḍa (f) | بعوضة |

locusta (f)	ȝarād (m)	جراد
lumaca (f)	ḥalzūn (m)	حلزون
grillo (m)	ṣarrār al layl (m)	صرّار الليل
lucciola (f)	yarā'a muḍī'a (f)	يراعة مضيئة
coccinella (f)	da'sūqa (f)	دعسوقة
maggiolino (m)	ȝunfusa kabīra (f)	خنفسة كبيرة

sanguisuga (f)	'alaqa (f)	علقة
bruco (m)	yasrū' (m)	يسروع
verme (m)	dūda (f)	دودة
larva (f)	yaraqa (f)	يرقة

184. Animali. Parti del corpo

becco (m)	minqār (m)	منقار
ali (f pl)	aȝniḥa (pl)	أجنحة
zampa (f)	riȝl (f)	رجل
piumaggio (m)	rīʃ (m)	ريش
penna (f), piuma (f)	rīʃa (f)	ريشة
cresta (f)	tāȝ (m)	تاج

branchia (f)	ȝayāʃīm (pl)	خياشيم
uova (f pl)	bayḍ as samak (pl)	بيض السمك
larva (f)	yaraqa (f)	يرقة
pinna (f)	zi'nifa (f)	زعنفة
squama (f)	ḥarāfiʃ (pl)	حرافش

zanna (f)	nāb (m)	ناب
zampa (f)	qadam (f)	قدم
muso (m)	ȝaṭm (m)	خطم
bocca (f)	fam (m)	فم
coda (f)	ðayl (m)	ذيل
baffi (m pl)	ʃawārib (pl)	شوارب

| zoccolo (m) | ḥāfir (m) | حافر |
| corno (m) | qarn (m) | قرن |

carapace (f)	dir' (m)	درع
conchiglia (f)	maḥāra (f)	محارة
guscio (m) dell'uovo	qiʃrat bayḍa (f)	قشرة بيضة

| pelo (m) | ʃa'r (m) | شعر |
| pelle (f) | ȝild (m) | جلد |

185. Animali. Ambiente naturale

ambiente (m) naturale	mawṭin (m)	موطن
migrazione (f)	hiȝra (f)	هجرة
monte (m), montagna (f)	ȝabal (m)	جبل

scogliera (f)	ʃiʿāb (pl)	شعاب
falesia (f)	ʒurf (m)	جرف
foresta (f)	ɣāba (f)	غابة
giungla (f)	adɣāl (pl)	أدغال
savana (f)	savānna (f)	سافانا
tundra (f)	tundra (f)	تندرا
steppa (f)	sahb (m)	سهب
deserto (m)	ṣaḥrāʾ (f)	صحراء
oasi (f)	wāḥa (f)	واحة
mare (m)	baḥr (m)	بحر
lago (m)	buḥayra (f)	بحيرة
oceano (m)	muḥīṭ (m)	محيط
palude (f)	mustanqaʿ (m)	مستنقع
di acqua dolce	al miyāh al ʿaðba	المياه العذبة
stagno (m)	birka (f)	بركة
fiume (m)	nahr (m)	نهر
tana (f) (dell'orso)	wakr (m)	وكر
nido (m)	ʿuʃʃ (m)	عشّ
cavità (f) (~ in un albero)	ʒawf (m)	جوف
tana (f) (del fox, ecc.)	ʒuḥr (m)	جحر
formicaio (m)	ʿuʃʃ naml (m)	عشّ نمل

Flora

186. Alberi

albero (m)	ʃaʒara (f)	شجرة
deciduo (agg)	nafḍiyya	نفضيّة
conifero (agg)	ṣanawbariyya	صنوبريّة
sempreverde (agg)	dā'imat al xuḍra	دائمة الخضرة

melo (m)	ʃaʒarat tuffāḥ (f)	شجرة تفّاح
pero (m)	ʃaʒarat kummaθra (f)	شجرة كمّثرى
ciliegio (m), amareno (m)	ʃaʒarat karaz (f)	شجرة كرز
prugno (m)	ʃaʒarat barqūq (f)	شجرة برقوق

betulla (f)	batūla (f)	بتولا
quercia (f)	ballūṭ (f)	بلّوط
tiglio (m)	ʃaʒarat zayzafūn (f)	شجرة زيزفون
pioppo (m) tremolo	ḥawr raʒrāʒ (m)	حور رجراج
acero (m)	qayqab (f)	قيقب

abete (m)	ratinaʒ (f)	راتينج
pino (m)	ṣanawbar (f)	صنوبر
larice (m)	arziyya (f)	أرزيّة
abete (m) bianco	tannūb (f)	تنّوب
cedro (m)	arz (f)	أرز
pioppo (m)	ḥawr (f)	حور
sorbo (m)	ɣubayrā' (f)	غبيراء
salice (m)	ṣafsāf (f)	صفصاف
alno (m)	ʒār il mā' (m)	جار الماء

faggio (m)	zān (m)	زان
olmo (m)	dardār (f)	دردار
frassino (m)	marān (f)	مران
castagno (m)	kastanā' (f)	كستناء

magnolia (f)	maɣnūliya (f)	مغنوليا
palma (f)	naxla (f)	نخلة
cipresso (m)	sarw (f)	سرو

mangrovia (f)	ayka sāḥiliyya (f)	أيكة ساحليّة
baobab (m)	bāubāb (f)	باوباب
eucalipto (m)	ukaliptus (f)	أوكالبتوس
sequoia (f)	siqūya (f)	سيكويا

187. Arbusti

cespuglio (m)	ʃuʒayra (f)	شجرة
arbusto (m)	ʃuʒayrāt (pl)	شجيرات

vite (f)	karma (f)	كرمة
vigneto (m)	karam (m)	كرم
lampone (m)	tūt al 'ullayq al aḥmar (m)	توت العلّيق الأحمر
ribes (m) rosso	kiʃmiʃ aḥmar (m)	كشمش أحمر
uva (f) spina	'inab aθ θa'lab (m)	عنب الثعلب
acacia (f)	sanṭ (f)	سنط
crespino (m)	amīr barīs (m)	أمير باريس
gelsomino (m)	yāsmīn (m)	ياسمين
ginepro (m)	'ar'ar (m)	عرعر
roseto (m)	ʃuʒayrat ward (f)	شجيرة ورد
rosa (f) canina	ward ʒabaliy (m)	ورد جبليّ

188. Funghi

fungo (m)	fuṭr (f)	فطر
fungo (m) commestibile	fuṭr ṣāliḥ lil akl (m)	فطر صالح للأكل
fungo (m) velenoso	fuṭr sāmm (m)	فطر سامّ
cappello (m)	ṭarbūʃ al fuṭr (m)	طربوش الفطر
gambo (m)	sāq al fuṭr (m)	ساق الفطر
porcino (m)	fuṭr bulīṭ ma'kūl (m)	فطر بوليط مأكول
boleto (m) rufo	fuṭr aḥmar (m)	فطر أحمر
porcinello (m)	fuṭr bulīṭ (m)	فطر بوليط
gallinaccio (m)	fuṭr kwīzi (m)	فطر كويزي
rossola (f)	fuṭr russūla (m)	فطر روسّولا
spugnola (f)	fuṭr al ɣūʃna (m)	فطر الغوشنة
ovolaccio (m)	fuṭr amānīt aṭ ṭā'ir as sāmm (m)	فطر أمانيت الطائر السامّ
fungo (m) moscario	fuṭr amānīt falusyāniy as sāmm (m)	فطر أمانيت فالوسياني السامّ

189. Frutti. Bacche

frutto (m)	θamra (f)	ثمرة
frutti (m pl)	θamr (m)	ثمر
mela (f)	tuffāḥa (f)	تفّاحة
pera (f)	kummaθra (f)	كمّثرى
prugna (f)	barqūq (m)	برقوق
fragola (f)	farawla (f)	فراولة
amarena (f), ciliegia (f)	karaz (m)	كرز
uva (f)	'inab (m)	عنب
lampone (m)	tūt al 'ullayq al aḥmar (m)	توت العلّيق الأحمر
ribes (m) nero	'inab aθ θa'lab al aswad (m)	عنب الثعلب الأسود
ribes (m) rosso	kiʃmiʃ aḥmar (m)	كشمش أحمر
uva (f) spina	'inab aθ θa'lab (m)	عنب الثعلب
mirtillo (m) di palude	tūt aḥmar barriy (m)	توت أحمر برّيّ

arancia (f)	burtuqāl (m)	برتقال
mandarino (m)	yūsufiy (m)	يوسفي
ananas (m)	ananās (m)	أناناس
banana (f)	mawz (m)	موز
dattero (m)	tamr (m)	تمر

limone (m)	laymūn (m)	ليمون
albicocca (f)	miʃmiʃ (f)	مشمش
pesca (f)	durrāq (m)	دراق
kiwi (m)	kiwi (m)	كيوي
pompelmo (m)	zinbāʿ (m)	زنباع

bacca (f)	ḥabba (f)	حبّة
bacche (f pl)	ḥabbāt (pl)	حبّات
mirtillo (m) rosso	ʿinab aθ θawr (m)	عنب الثور
fragola (f) di bosco	farāwla barriyya (f)	فراولة برّية
mirtillo (m)	ʿinab al aḥrāʒ (m)	عنب الأحراج

190. Fiori. Piante

fiore (m)	zahra (f)	زهرة
mazzo (m) di fiori	bāqat zuhūr (f)	باقة زهور

rosa (f)	warda (f)	وردة
tulipano (m)	tulīb (f)	توليب
garofano (m)	qurumful (m)	قرنفل
gladiolo (m)	dalbūθ (f)	دلبوث

fiordaliso (m)	turunʃāh (m)	ترنشاه
campanella (f)	ʒarīs (m)	جريس
soffione (m)	hindibāʾ (f)	هندباء
camomilla (f)	babunʒ (m)	بابونج

aloe (m)	aluwwa (m)	ألوّة
cactus (m)	ṣabbār (m)	صبّار
ficus (m)	tīn (m)	تين

giglio (m)	sawsan (m)	سوسن
geranio (m)	ibrat ar rāʿi (f)	إبرة الراعي
giacinto (m)	zanbaq (f)	زنبق

mimosa (f)	mimūza (f)	ميموزا
narciso (m)	narʒis (f)	نرجس
nasturzio (m)	abu xanʒar (f)	أبو خنجر

orchidea (f)	saḥlab (f)	سحلب
peonia (f)	fawniya (f)	فاوانيا
viola (f)	banafsaʒ (f)	بنفسج

viola (f) del pensiero	banafsaʒ muθallaθ (m)	بنفسج مثلّث
nontiscordardimé (m)	ʾāðān al faʾr (pl)	آذان الفأر
margherita (f)	uqḥuwān (f)	أقحوان
papavero (m)	xaʃxāʃ (f)	خشخاش
canapa (f)	qinnab (m)	قنب

menta (f)	na'nā' (m)	نعناع
mughetto (m)	sawsan al wādi (m)	سوسن الوادي
bucaneve (m)	zahrat al laban (f)	زهرة اللبن

ortica (f)	qarrāṣ (m)	قرّاص
acetosa (f)	ḥammāḍ (m)	حمّاض
ninfea (f)	nilūfar (m)	نيلوفر
felce (f)	saraxs (m)	سرخس
lichene (m)	uʃna (f)	أشنة

serra (f)	dafī'a (f)	دفيئة
prato (m) erboso	'uʃb (m)	عشب
aiuola (f)	ʒunaynat zuhūr (f)	جنينة زهور

pianta (f)	nabāt (m)	نبات
erba (f)	'uʃb (m)	عشب
filo (m) d'erba	'uʃba (f)	عشبة

foglia (f)	waraqa (f)	ورقة
petalo (m)	waraqat az zahra (f)	ورقة الزهرة
stelo (m)	sāq (f)	ساق
tubero (m)	darnat nabāt (f)	درنة نبات

germoglio (m)	nabta saɣīra (f)	نبتة صغيرة
spina (f)	ʃawka (f)	شوكة

fiorire (vi)	nawwar	نوّر
appassire (vi)	ðabal	ذبل
odore (m), profumo (m)	rā'iḥa (f)	رائحة
tagliare (~ i fiori)	qaṭa'	قطع
cogliere (vt)	qaṭaf	قطف

191. Cereali, granaglie

grano (m)	ḥubūb (pl)	حبوب
cereali (m pl)	maḥāṣīl al ḥubūb (pl)	محاصيل الحبوب
spiga (f)	sumbula (f)	سنبلة

frumento (m)	qamḥ (m)	قمح
segale (f)	ʒāwdār (m)	جاودار
avena (f)	ʃūfān (m)	شوفان

miglio (m)	duxn (m)	دخن
orzo (m)	ʃa'īr (m)	شعير

mais (m)	ðura (f)	ذرَة
riso (m)	urz (m)	أرز
grano (m) saraceno	ḥinṭa sawdā' (f)	حنطة سوداء

pisello (m)	bisilla (f)	بسلّة
fagiolo (m)	faṣūliya (f)	فاصوليا
soia (f)	fūl aṣ ṣūya (m)	فول الصويا
lenticchie (f pl)	'adas (m)	عدس
fave (f pl)	fūl (m)	فول

GEOGRAFIA REGIONALE

Paesi. Nazionalità

192. Politica. Governo. Parte 1

politica (f)	siyāsa (f)	سياسة
politico (agg)	siyāsiy	سياسيّ
politico (m)	siyāsiy (m)	سياسي
stato (m) (nazione, paese)	dawla (f)	دولة
cittadino (m)	muwāṭin (m)	مواطن
cittadinanza (f)	ȝinsiyya (f)	جنسية
emblema (m) nazionale	ʃiʿār waṭaniy (m)	شعار وطنيّ
inno (m) nazionale	naʃīd waṭaniy (m)	نشيد وطنيّ
governo (m)	ḥukūma (f)	حكومة
capo (m) di Stato	raʾs ad dawla (m)	رأس الدولة
parlamento (m)	barlamān (m)	برلمان
partito (m)	ḥizb (m)	حزب
capitalismo (m)	raʾsmāliyya (f)	رأسماليّة
capitalistico (agg)	raʾsmāliy	رأسماليّ
socialismo (m)	iʃtirākiyya (f)	إشتراكيّة
socialista (agg)	iʃtirākiy	إشتراكيّ
comunismo (m)	ʃuyūʿiyya (f)	شيوعيّة
comunista (agg)	ʃuyūʿiy	شيوعيّ
comunista (m)	ʃuyūʿiy (m)	شيوعي
democrazia (f)	dimuqraṭiyya (f)	ديموقراطيّة
democratico (m)	dimuqrāṭiy (m)	ديموقراطيّ
democratico (agg)	dimuqrāṭiy	ديموقراطيّ
partito (m) democratico	al ḥizb ad dimukrāṭiy (m)	الحزب الديموقراطيّ
liberale (m)	libirāliy (m)	ليبراليّ
liberale (agg)	libirāliy	ليبراليّ
conservatore (m)	muḥāfiẓ (m)	محافظ
conservatore (agg)	muḥāfiẓ	محافظ
repubblica (f)	ȝumhūriyya (f)	جمهوريّة
repubblicano (m)	ȝumhūriy (m)	جمهوريّ
partito (m) repubblicano	al ḥizb al ȝumhūriy (m)	الحزب الجمهوريّ
elezioni (f pl)	intiχābāt (pl)	إنتخابات
eleggere (vt)	intaχab	إنتخب
elettore (m)	nāχib (m)	ناخب

campagna (f) elettorale	ḥamla intiχābiyya (f)	حملة إنتخابيّة
votazione (f)	taṣwīt (m)	تصويت
votare (vi)	ṣawwat	صوّت
diritto (m) di voto	ḥaqq al intiχāb (m)	حقّ الإنتخاب

candidato (m)	muraʃʃaḥ (m)	مرشّح
candidarsi (vr)	raʃʃaḥ nafsahu	رشّح نفسه
campagna (f)	ḥamla (f)	حملة

| d'opposizione (agg) | muʿāriḍ | معارض |
| opposizione (f) | muʿāraḍa (f) | معارضة |

visita (f)	ziyāra (f)	زيارة
visita (f) ufficiale	ziyāra rasmiyya (f)	زيارة رسميّة
internazionale (agg)	duwaliy	دوليّ

| trattative (f pl) | mubāḥaθāt (pl) | مباحثات |
| negoziare (vi) | aȝra mubāḥaθāt | أجرى مباحثات |

193. Politica. Governo. Parte 2

società (f)	muȝtamaʿ (m)	مجتمع
costituzione (f)	dustūr (m)	دستور
potere (m) (~ politico)	sulṭa (f)	سلطة
corruzione (f)	fasād (m)	فساد

| legge (f) | qānūn (m) | قانون |
| legittimo (agg) | qānūniy | قانونيّ |

| giustizia (f) | ʿadāla (f) | عدالة |
| giusto (imparziale) | ʿādil | عادل |

comitato (m)	laȝna (f)	لجنة
disegno (m) di legge	maʃrūʿ qānūn (m)	مشروع قانون
bilancio (m)	mīzāniyya (f)	ميزانيّة
politica (f)	siyāsa (f)	سياسة
riforma (f)	iṣlāḥ (m)	إصلاح
radicale (agg)	radikāliy	راديكاليّ

forza (f) (potenza)	quwwa (f)	قوّة
potente (agg)	qawiy	قويّ
sostenitore (m)	muʾayyid (m)	مؤيّد
influenza (f)	taʾθīr (m)	تأثير

regime (m) (~ militare)	niẓām ḥukm (m)	نظام حكم
conflitto (m)	χilāf (m)	خلاف
complotto (m)	muʾāmara (f)	مؤامرة
provocazione (f)	istifzāz (m)	إستفزاز

rovesciare (~ un regime)	asqaṭ	أسقط
rovesciamento (m)	isqāṭ (m)	إسقاط
rivoluzione (f)	θawra (f)	ثورة
colpo (m) di Stato	inqilāb (m)	إنقلاب
golpe (m) militare	inqilāb ʿaskariy (m)	انقلاب عسكريّ

Italiano	Traslitterazione	Arabo
crisi (f)	azma (f)	أزمة
recessione (f) economica	rukūd iqtiṣādiy (m)	ركود إقتصادي
manifestante (m)	mutaẓāhir (m)	متظاهر
manifestazione (f)	muẓāhara (f)	مظاهرة
legge (f) marziale	al aḥkām al 'urfiyya (pl)	الأحكام العرفية
base (f) militare	qa'ida 'askariyya (f)	قاعدة عسكرية

stabilità (f)	istiqrār (m)	إستقرار
stabile (agg)	mustaqirr	مستقر

sfruttamento (m)	istiɣlāl (m)	إستغلال
sfruttare (~ i lavoratori)	istaɣall	إستغل

razzismo (m)	'unṣuriyya (f)	عنصرية
razzista (m)	'unṣuriy (m)	عنصري
fascismo (m)	fāʃiyya (f)	فاشية
fascista (m)	fāʃiy (m)	فاشي

194. Paesi. Varie

straniero (m)	aʒnabiy (m)	أجنبي
straniero (agg)	aʒnabiy	أجنبي
all'estero	fil χāriʒ	في الخارج

emigrato (m)	nāziḥ (m)	نازح
emigrazione (f)	nuziḥ (m)	نزوح
emigrare (vi)	nazūḥ	نزح

Ovest (m)	al ɣarb (m)	الغرب
Est (m)	aʃ ʃarq (m)	الشرق
Estremo Oriente (m)	aʃ ʃarq al aqṣa (m)	الشرق الأقصى

civiltà (f)	ḥaḍāra (f)	حضارة
umanità (f)	al baʃariyya (f)	البشرية
mondo (m)	al 'ālam (m)	العالم
pace (f)	salām (m)	سلام
mondiale (agg)	'ālamiy	عالمي

patria (f)	waṭan (m)	وطن
popolo (m)	ʃa'b (m)	شعب
popolazione (f)	sukkān (pl)	سكان
gente (f)	nās (pl)	ناس
nazione (f)	umma (f)	أمة
generazione (f)	ʒīl (m)	جيل

territorio (m)	arḍ (f)	أرض
regione (f)	mintaqa (f)	منطقة
stato (m)	wilāya (f)	ولاية

tradizione (f)	taqlīd (m)	تقليد
costume (m)	'āda (f)	عادة
ecologia (f)	'ilm al bī'a (m)	علم البيئة
indiano (m)	hindiy aḥmar (m)	هندي أحمر
zingaro (m)	ɣaʒariy (m)	غجري

zingara (f)	ɣaӡariyya (f)	غجريَّة
di zingaro	ɣaӡariy	غجريّ

impero (m)	imbiraṭuriyya (f)	امبراطوريَّة
colonia (f)	musta'mara (f)	مستعمرة
schiavitù (f)	'ubūdiyya (f)	عبوديَّة
invasione (f)	ɣazw (m)	غزو
carestia (f)	maӡā'a (f)	مجاعة

195. Principali gruppi religiosi. Credi religiosi

religione (f)	dīn (m)	دين
religioso (agg)	dīniy	دينيّ

fede (f)	'īmān (m)	إيمان
credere (vi)	'āman	آمن
credente (m)	mu'min (m)	مؤمن

ateismo (m)	al ilḥād (m)	الإلحاد
ateo (m)	mulḥid (m)	ملحد

cristianesimo (m)	al masīḥiyya (f)	المسيحيَّة
cristiano (m)	masīḥiy (m)	مسيحيّ
cristiano (agg)	masīḥiy	مسيحيّ

cattolicesimo (m)	al kaθūlikiyya (f)	الكائوليكيَّة
cattolico (m)	kaθulīkiy (m)	كائوليكيّ
cattolico (agg)	kaθulīkiy	كائوليكيّ

Protestantesimo (m)	al brutistantiyya (f)	البروتستانتية
Chiesa (f) protestante	al kanīsa al brutistantiyya (f)	الكنيسة البروتستانتيَّة
protestante (m)	brutistantiy (m)	بروتستانتيّ

Ortodossia (f)	urθuðuksiyya (f)	الأرثوذكسيَّة
Chiesa (f) ortodossa	al kanīsa al urθuðuksiyya (f)	الكنيسة الأرثوذكسيَّة
ortodosso (m)	urθuðuksiy (m)	أرثوذكسيّ

Presbiterianesimo (m)	maʃīxiyya (f)	المشيخيَّة
Chiesa (f) presbiteriana	al kanīsa al maʃīxiyya (f)	الكنيسة المشيخيَّة
presbiteriano (m)	maʃīxiy (m)	مشيخيّ

Luteranesimo (m)	al kanīsa al luθiriyya (f)	الكنيسة اللوثريَّة
luterano (m)	luθiriy (m)	لوثريّ

confessione (f) battista	al kanīsa al ma'madāniyya (f)	الكنيسة المعمدانيَّة
battista (m)	ma'madāniy (m)	معمدانيّ

Chiesa (f) anglicana	al kanīsa al anӡlikāniyya (f)	الكنيسة الإنجليكانيَّة
anglicano (m)	anӡlikāniy (m)	أنجليكانيّ
mormonismo (m)	al murumūniyya (f)	المورمونيَّة
mormone (m)	masīḥiy murmūn (m)	مسيحيّ مرمون

giudaismo (m)	al yahūdiyya (f)	اليهودية
ebreo (m)	yahūdiy (m)	يهوديّ

buddismo (m)	al būðiyya (f)	البوذيّة
buddista (m)	būðiy (m)	بوذيّ
Induismo (m)	al hindūsiyya (f)	الهندوسيّة
induista (m)	hindūsiy (m)	هندوسي
Islam (m)	al islām (m)	الإسلام
musulmano (m)	muslim (m)	مسلم
musulmano (agg)	islāmiy	إسلاميّ
sciismo (m)	al maðhab aʃʃ'iy (m)	المذهب الشيعيّ
sciita (m)	ʃ'iy (m)	شيعيّ
sunnismo (m)	al maðhab as sunniy (m)	المذهب السنّيّ
sunnita (m)	sunniy (m)	سنّيّ

196. Religioni. Sacerdoti

prete (m)	qissīs (m), kāhin (m)	قسّيس, كاهن
Papa (m)	al bāba (m)	البابا
monaco (m)	rāhib (m)	راهب
monaca (f)	rāhiba (f)	راهبة
pastore (m)	qissīs (m)	قسّيس
abate (m)	ra'īs ad dayr (m)	رئيس الدير
vicario (m)	viqār (m)	فيقار
vescovo (m)	usquf (m)	أسقف
cardinale (m)	kardināl (m)	كاردينال
predicatore (m)	tabʃīr (m)	تبشير
predica (f)	χutba (f)	خطبة
parrocchiani (m)	ra'iyyat al abraʃiyya (f)	رعية الأبرشيّة
credente (m)	mu'min (m)	مؤمن
ateo (m)	mulḥid (m)	ملحد

197. Fede. Cristianesimo. Islam

Adamo	'ādam (m)	آدم
Eva	ḥawā' (f)	حوّاء
Dio (m)	allah (m)	الله
Signore (m)	ar rabb (m)	الربّ
Onnipotente (m)	al qadīr (m)	القدير
peccato (m)	ðamb (m)	ذنب
peccare (vi)	aðnab	أذنب
peccatore (m)	muðnib (m)	مذنب
peccatrice (f)	muðniba (f)	مذنبة
inferno (m)	al ʒaḥīm (f)	الجحيم
paradiso (m)	al ʒanna (f)	الجنّة

Gesù	yasū' (m)	يسوع
Gesù Cristo	yasū' al masīḥ (m)	يسوع المسيح
Spirito (m) Santo	ar rūḥ al qudus (m)	الروح القدس
Salvatore (m)	al masīḥ (m)	المسيح
Madonna	maryam al 'aðrā' (f)	مريم العذراء
Diavolo (m)	aʃ ʃayṭān (m)	الشيطان
del diavolo	ʃayṭāniy	شيطانيّ
Satana (m)	aʃ ʃayṭān (m)	الشيطان
satanico (agg)	ʃayṭāniy	شيطانيّ
angelo (m)	malāk (m)	ملاك
angelo (m) custode	malāk ḥāris (m)	ملاك حارس
angelico (agg)	malā'ikiy	ملائكيّ
apostolo (m)	rasūl (m)	رسول
arcangelo (m)	al malak ar raˀīsiy (m)	الملك الرئيسي
Anticristo (m)	al masīḥ ad daʒʒāl (m)	المسيح الدجّال
Chiesa (f)	al kanīsa (f)	الكنيسة
Bibbia (f)	al kitāb al muqaddas (m)	الكتاب المقدّس
biblico (agg)	tawrātiy	توراتيّ
Vecchio Testamento (m)	al 'aḥd al qadīm (m)	العهد القديم
Nuovo Testamento (m)	al 'ahd al ʒadīd (m)	العهد الجديد
Vangelo (m)	inʒīl (m)	إنجيل
Sacra Scrittura (f)	al kitāb al muqaddas (m)	الكتاب المقدّس
Il Regno dei Cieli	al ʒanna (f)	الجنّة
comandamento (m)	waṣiyya (f)	وصيّة
profeta (m)	nabiy (m)	نبيّ
profezia (f)	nubū'a (f)	نبوءة
Allah	allah (m)	الله
Maometto	muḥammad (m)	محمّد
Corano (m)	al qur'ān (m)	القرآن
moschea (f)	masʒid (m)	مسجد
mullah (m)	mulla (m)	مَلّا
preghiera (f)	ṣalāt (f)	صلاة
pregare (vi, vt)	ṣalla	صلّى
pellegrinaggio (m)	ḥaʒʒ (m)	حجّ
pellegrino (m)	ḥāʒʒ (m)	حاجّ
La Mecca (f)	makka al mukarrama (f)	مكة المكرّمة
chiesa (f)	kanīsa (f)	كنيسة
tempio (m)	ma'bad (m)	معبد
cattedrale (f)	katidrā'iyya (f)	كاتدرائيّة
gotico (agg)	qūṭiy	قوطيّ
sinagoga (f)	kanīs ma'bad yahūdiy (m)	كنيس معبد يهوديّ
moschea (f)	masʒid (m)	مسجد
cappella (f)	kanīsa ṣayīra (f)	كنيسة صغيرة
abbazia (f)	dayr (m)	دير

convento (m) di suore	dayr (m)	دير
monastero (m)	dayr (m)	دير
campana (f)	ȝaras (m)	جرس
campanile (m)	burȝ al ȝaras (m)	برج الجرس
suonare (campane)	daqq	دق
croce (f)	ṣalīb (m)	صليب
cupola (f)	qubba (f)	قبة
icona (f)	ʼīkūna (f)	ايقونة
anima (f)	nafs (f)	نفس
destino (m), sorte (f)	maṣīr (m)	مصير
male (m)	ʃarr (m)	شرّ
bene (m)	xayr (m)	خير
vampiro (m)	maṣṣāṣ dimā' (m)	مصّاص دماء
strega (f)	sāḥira (f)	ساحرة
demone (m)	ʃayṭān (m)	شيطان
spirito (m)	rūḥ (m)	روح
redenzione (f)	takfīr (m)	تكفير
redimere (vt)	kaffar 'an	كفّر عن
messa (f)	qaddās (m)	قدّاس
dire la messa	alqa xuṭba bil kanīsa	ألقى خطبة بالكنيسة
confessione (f)	i'tirāf (m)	إعتراف
confessarsi (vr)	i'taraf	إعترف
santo (m)	qiddīs (m)	قدّيس
sacro (agg)	muqaddas (m)	مقدّس
acqua (f) santa	mā' muqaddas (m)	ماء مقدّس
rito (m)	ṭuqūs (pl)	طقوس
rituale (agg)	ṭuqūsiy	طقوسيّ
sacrificio (m) (offerta)	ðabīḥa (f)	ذبيحة
superstizione (f)	xurāfa (f)	خرافة
superstizioso (agg)	mu'min bil xurāfāt (m)	مؤمن بالخرافات
vita (f) dell'oltretomba	al 'āxira (f)	الآخرة
vita (f) eterna	al ḥayāt al abadiyya (f)	الحياة الأبدية

VARIE

198. Varie parole utili

aiuto (m)	musāʿada (f)	مساعدة
barriera (f) (ostacolo)	ḥāǧiz (m)	حاجز
base (f)	asās (m)	أساس
bilancio (m) (equilibrio)	tawāzun (m)	توازن
categoria (f)	fiʾa (f)	فئة
causa (f) (ragione)	sabab (m)	سبب
coincidenza (f)	ṣudfa (f)	صدفة
comodo (agg)	murīḥ	مريح
compenso (m)	taʿwīḍ (m)	تعويض
confronto (m)	muqārana (f)	مقارنة
cosa (f) (oggetto, articolo)	ʃayʾ (m)	شيء
crescita (f)	numuww (m)	نمو
differenza (f)	farq (m)	فرق
effetto (m)	taʾθīr (m)	تأثير
elemento (m)	ʿunṣur (m)	عنصر
errore (m)	xaṭaʾ (m)	خطأ
esempio (m)	miθāl (m)	مثال
fatto (m)	ḥaqīqa (f)	حقيقة
forma (f) (aspetto)	ʃakl (m)	شكل
frequente (agg)	mutakarrir (m)	متكرّر
genere (m) (tipo, sorta)	nawʿ (m)	نوع
grado (m) (livello)	daraǧa (f)	درجة
ideale (m)	miθāl (m)	مثال
inizio (m)	bidāya (f)	بداية
labirinto (m)	tayh (m)	تيه
modo (m) (maniera)	ṭarīqa (f)	طريقة
momento (m)	laḥẓa (f)	لحظة
oggetto (m) (cosa)	mawḍūʿ (m)	موضوع
originale (m) (non è una copia)	aṣl (m)	أصل
ostacolo (m)	ʿaqba (f)	عقبة
parte (f) (~ di qc)	ǧuzʾ (m)	جزء
particella (f)	ǧuzʾ (m)	جزء
pausa (f)	istirāḥa (f)	إستراحة
pausa (f) (sosta)	istirāḥa (f)	إستراحة
posizione (f)	mawqif (m)	موقف
principio (m)	mabdaʾ (m)	مبدأ
problema (m)	muʃkila (f)	مشكلة
processo (m)	ʿamaliyya (f)	عمليّة
progresso (m)	taqaddum (m)	تقدّم

proprietà (f) (qualità)	xaṣṣa (f)	خاصّة
reazione (f)	radd fi'l (m)	ردّ فعل

rischio (m)	muxāṭara (f)	مخاطرة
ritmo (m)	sur'a (f)	سرعة
scelta (f)	ixtiyār (m)	إختيار
segreto (m)	sirr (m)	سرّ
serie (f)	silsila (f)	سلسلة

sfondo (m)	xalfiyya (f)	خلفيّة
sforzo (m) (fatica)	ʒuhd (m)	جهد
sistema (m)	niẓām (m)	نظام
situazione (f)	ḥāla (f), waḍ' (m)	حالة, وضع
soluzione (f)	ḥall (m)	حلّ

standard (agg)	qiyāsiy	قياسيّ
standard (m)	qiyās (m)	قياس
stile (m)	uslūb (m)	أسلوب
sviluppo (m)	tanmiya (f)	تنمية
tabella (f) (delle calorie, ecc.)	ʒadwal (m)	جدول

termine (m)	nihāya (f)	نهاية
termine (m) (parola)	muṣṭalaḥ (m)	مصطلح
tipo (m)	naw' (m)	نوع
turno (m)	dawr (m)	دور
(aspettare il proprio ~)		
urgente (agg)	'āʒil	عاجل

urgentemente	'āʒilan	عاجلًا
utilità (f)	manfa'a (f)	منفعة
variante (f)	ʃakl muxtalif (m)	شكل مختلف
verità (f)	ḥaqīqa (f)	حقيقة
zona (f)	mintaqa (f)	منطقة

www.ingramcontent.com/pod-product-compliance
Lightning Source LLC
LaVergne TN
LVHW051341080426
835509LV00020BA/3232